성령의 불길은
바람같이 불어와 불꽃처럼 타오릅니다.

이 규 학 감독

양육시리즈 3 성령론

바람같이 불꽃처럼

둘셋손잡고
HAND-IN-HAND

머리말

사망권세를 깨뜨리고 무덤에서 부활하신 주님께서는 한동안 제자들과 함께 계셨습니다. 주님께서는 주님을 대신하여 '보혜사 성령'을 보내시겠다고 약속하신 후에 승천하셨습니다. 승천하신 주님께서는 약속대로 성령님을 보내 주셨습니다. 성령님은 하나님의 영이시고, 주님의 영이시며, 교회의 영이십니다. 교회는 성령께서 임하심으로 시작되었고, 성도의 인생도 성령께서 임하면서 하나님의 사람으로서의 인생이 새롭게 시작됩니다.

한국 교회의 시작도, 부흥도 오직 성령께서 오심으로 시작되었습니다. 많은 선교사들이 성령의 부르심을 받고 한국에 왔습니다. 성령의 인도하심을 따라 복음을 전했습니다. 성령의 충만한 임재로 삼천리 방방곡곡에 회개의 눈물이 강을 이루면서 이 땅이 그리스도의 나라가 되어갔습니다. 성령 하나님은 한국 교회에 성령의 기름을 부으셨습니다. 한국 교회를 세계 기독교 역사상 최단 시기에 가장 큰 성장을 이루게 하셔서, 한국을 기독교 선교의 중심지로 삼으셨습니다.

필자가 목회자로 부름받고, 쓰임받았던 것은 오직 성령 하나님의 은혜였습니다. 성령께서 제가 목회하는 동안 끝임없이 성령충만을 허락해 주셨습니다. 목회 사역에 성령으로 기름부어 주심으로, 저와 섬기는 교회에 성령의 은사와 성령의 열매가 풍성하게 나타나게 하셨습니다.

이 책은 필자의 목회 현장을 통해 체험하고 가르친 성령 하나님에 대한 성경적 지식과 체험적 신앙입니다. 성령님은 성도들을 통해, 교회에서 자신의 존재를 나타내십니다. 1과 '바람같이 불꽃처럼'은 성령의 나타남에 대한 진리들입니다. 성령 하나님은 구원받은 성도들과 언제나 함께하십니다. 2과 '임마누엘 성령님'은 우리와 일상적으로 함께하시는 성령님에 대한 말씀입니다. 성도는 성령충만 할 때 삶이 의미 있고, 기쁘고 행복합니다. 3과에서는 성도들의 삶의 원동력인 성령충만에 대한 영감 있는 내용들을 다루었습니다. 이 땅에 사는 성도는 성령의 기름부음으로 하나님의 예비한 복을 받고 살아야 합니다. 4과 '축복의 소낙비'에는 성령의 기름부음에 대한 주옥같은 내용들이 들어있습니다. 성도는 성령의 열매를 맺을 때 아름답고 존귀합니다. 5과 '내게 있는 것으로'는 성령의 은사와 열매에 대한 진리들입니다. 성도는 성령의 은사로 교회를 섬기며, 풍성한 성령의 열매를 맺어야 합니다. 6과 '성령께서 이끄시는 교회'는 성령께서 교회를 인도하시고 다스리시는 진리들입니다. 성도를 구원하신 목적의 결국은 복음전도, 선교입니다. 7과는 성령과 선교에 대한 내용들입니다. 교회의 성도의 최종 사명은 땅끝까지 이르러 복음을 전하는 것입니다. 8과의 '그 날이 오면'은 한국 교회의 부흥을 사모하는 내용들입니다.

   필자가 태어나서, 교회에서 성장하면서 목회를 시작하던 20세기의 한국 교회는 성령의 열기가 가득했습니다. 성령의 기름 부으심으로 교회가 성장하고 나라도 발전했습니다. 저는 21세기의 한국 교회와 조국의 새로운 부흥을 꿈꿉니다. 성령께서 이 땅을 새롭게 하시고, 기름 부으셔서, 한국 교회가 세계선교의 성지가 될 것을 기대합니다.

   성령이여 오소서.
   성령이여 기름 부으소서.
   성령 하나님께 경배와 영광을 돌립니다.

복음으로 여러분을 섬기는
이규학 감독 드림

CONTENTS

첫 번째 만남

바람같이 불꽃처럼 (성령의 나타남)

바람에게도 길이 있다

강하게 때론 약하게
함부로 부는 바람인 줄 알아도
아니다! 그런 것이 아니다!
보이지 않는 길을
바람은 용케 찾아간다.
바람길은 사통팔달이다.
나는 비로소 나의 길을 가는데
바람은 바람길을 간다.
길은 언제나 어디에나 있다.
(천상병·시인, 1930-1993)

금주 암송요절 / 사도행전 2장 1-4절

1오순절 날이 이미 이르매 그들이 다같이 한 곳에 모였더니 2홀연히 하늘로부터 급하고 강한 바람 같은 소리가 있어 그들이 앉은 온 집에 가득하며 3마치 불의 혀처럼 갈라지는 것들이 그들에게 보여 각 사람 위에 하나씩 임하여 있더니 4그들이 다 성령의 충만함을 받고 성령이 말하게 하심을 따라 다른 언어들로 말하기를 시작하니라

반갑습니다.
나를 소개하면서 성령님은 어떤 분이라고 생각하는지 자기의 생각이나 경험들을 간단하게 함께 나누어 봅시다.

1 어떻게 성령님을 알 수 있을까요?

고린도전서 2장 4절
내 말과 내 전도함이 설득력 있는 지혜의 말로 하지 아니하고 다만 성령의 나타나심과 능력으로 하여

○ Guide

> 하나님은 영이십니다. 때문에 육체를 가진 인간이 하나님을 볼 수 없습니다. 그래서 성자 하나님이신 예수님께서는 자신을 사람의 모습으로 나타내셨습니다. 성령님께서도 스스로를 여러 가지 다양한 모습으로 우리에게 나타내십니다.

마태복음 3장 16절
예수께서 세례를 받으시고 곧 물에서 올라오실새 하늘이 열리고 하나님의 성령이 비둘기 같이 내려 자기 위에 임하심을 보시더니

1) 누가 세례를 받으시고 곧 물에서 올라오실새 하늘이 열렸습니까?

2) 예수께서 세례를 받으시고 곧 물에서 올라오실새 무엇이 열렸습니까?

3) 세례를 받고 물에서 올라오신 예수님 위에 임한 것은 무엇입니까?

○ Guide

성령에 대한 다양한 비유들
성경은 성령의 나타나심에 대해 비둘기 같이(마 3:16), 바람 같이(행 2:2), 불 같이(행 2:3), 물(생수) 같이(요 7:38-39), 기름 같이(행 10:38), 인치심(엡 1:13) 등 다양하게 표현되고 있다.

사도행전 2장 1-4절
1.오순절 날이 이미 이르매 그들이 다같이 한 곳에 모였더니 2홀연히 하늘로부터 급하고 강한 바람 같은 소리가 있어 그들이 앉은 온 집에 가득하며 3마치 불의 혀처럼 갈라지는 것들이 그들에게 보여 각 사람 위에 하나씩 임하여 있더니 4그들이 다 성령의 충만함을 받고 성령이 말하게 하심을 따라 다른 언어들로 말하기를 시작하니라

4) 성령께서 어떻게 나타나셨습니까?(2절)

5) 성령께서 어떤 형태로 나타나셨습니까?(3절)

6) 성령께서 어떻게 사람들에게 나타났습니까?(4절)

○ Guide

> '바람'은 성령과 같은 어원을 가진다. 히브리어 루아흐와 헬라어 프뉴마
> 는 '바람'이나 '영'을 의미한다. '큰 소리'는 하나님이 시내산에서 현현
> (theophany)하신 것을 연상시킨다(출 19:16-19).
> '불'은 출애굽기 3:2-5에서 하나님이 불붙는 떨기나무 가운데 나타나신 것과
> 출애굽기 13:21에서 하나님이 이스라엘 백성들의 광야생활에 불기둥으로
> 인도하신 것을 통하여 유대의 전통에서 하나님의 임재를 상징해 왔다.
> 세례 요한은 예수 그리스도가 성령과 불로 세례를 베푸실 것이라고 하면서
> 성령과 불을 관련지었다(눅 3:16).
> 구약에서 하나님이 나타나실 때 종종 강한 바람과 불같은 것이 동반되었다
> (창 15:17; 출 3:2-5; 13:21-22; 신 4:11-12, 33, 36; 겔 1:25-28; 단 7:9-14; 요
> 3:7-8; 특히 엘리야의 경우, 왕상 19:11-12). 따라서 사도행전 2장의 성령강
> 림은 하나님의 임재이다.

고린도전서 12장 3절
그러므로 내가 너희에게 알리노니 하나님의 영으로 말하는 자는 누구든지 예수를
저주할 자라 하지 아니하고 또 성령으로 아니하고는 누구든지 예수를 주시라 할
수 없느니라

7) 하나님의 영(성령)으로 말하는 자는 누구를 저주할 자라고 하지 않습니까?

8) 성령으로 말하는 자는 예수를 누구라고 합니까?

○ Guide

> 성령께서는 자신을 개인에게나 공동체에 여러 가지 현상으로 나타내십니
> 다. 비둘기나 불같은 형태로 나타나기도 하고, 방언이나, 예언 등의 은사로
> 나타나기도 하며, 사랑이나 희락 등의 열매로도 나타납니다. 성령께서 사람
> 들에게 나타나는 가장 중요한 현상은 예수님께서 십자가에서 죽으신 것이
> 저주받아 죽은 것이 아니라, 나의 죄와 허물을 대신해서 죽으심으로 '나의
> 주 나의 하나님'이 되셨다는 신앙고백으로 나타나는 현상입니다.

2 성부 하나님과 관계된 성령의 이름들을 알아보겠습니다.

창세기 1장 2절
땅이 혼돈하고 공허하며 흑암이 깊음 위에 있고 하나님의 영은 수면 위에 운행하시니라

1) 창세기에서는 성령을 누구의 영이라고 합니까?

사사기 3장 10절
여호와의 영이 그에게 임하셨으므로 그가 이스라엘의 사사가 되어 나가서 싸울 때에 여호와께서 메소보다미아 왕 구산 리사다임을 그의 손에 넘겨 주시매 옷니엘의 손이 구산 리사다임을 이기니라

2) 사사기에서는 성령을 누구의 영이라고 합니까?

마태복음 10장 20절
말하는 이는 너희가 아니라 너희 속에서 말씀하시는 이 곧 너희 아버지의 성령이시니라

3) 마태복음에서는 성령을 누구의 영이라고 합니까?

고린도후서 3장 3절
너희는 우리로 말미암아 나타난 그리스도의 편지니 이는 먹으로 쓴 것이 아니요 오직 살아 계신 하나님의 영으로 쓴 것이며 또 돌판에 쓴 것이 아니요 오직 육의 마음판에 쓴 것이라

4) 고린도후서에서는 성령을 누구의 영이라고 합니까?

3 성자 예수님과 관계된 성령의 이름들입니다.

로마서 8장 9절
만일 너희 속에 하나님의 영이 거하시면 너희가 육신에 있지 아니하고 영에 있나
니 누구든지 그리스도의 영이 없으면 그리스도의 사람이 아니라

1) 로마서에서는 성령을 누구의 영이라고 합니까?

사도행전 16장 7절
무시아 앞에 이르러 비두니아로 가고자 애쓰되 예수의 영이 허락하지 아니하시는
지라

2) 사도행전에서는 성령을 누구의 영이라고 합니까?

갈라디아서 4장 6절
너희가 아들이므로 하나님이 그 아들의 영을 우리 마음 가운데 보내사 아빠 아버
지라 부르게 하셨느니라

3) 갈라디아서에서는 성령을 누구의 영이라고 합니까?

사도행전 5장 9절
베드로가 이르되 너희가 어찌 함께 꾀하여 주의 영을 시험하려 하느냐 보라 네 남
편을 장사하고 오는 사람들의 발이 문 앞에 이르렀으니 또 너를 메어 내가리라 하니

4) 베드로 사도는 성령을 누구의 영이라고 합니까?

4 성도와 관련된 이름들도 있습니다.

고린도전서 12장 9-10절
9다른 사람에게는 같은 성령으로 믿음을, 어떤 사람에게는 한 성령으로 병 고치는 은사를, 10어떤 사람에게는 능력 행함을, 어떤 사람에게는 예언함을, 어떤 사람에게는 영들 분별함을, 다른 사람에게는 각종 방언 말함을, 어떤 사람에게는 방언들 통역함을 주시나니

1) 성령님이 성도들에게 주시는 다양한 은사는 무엇입니까?

고린도전서 6장 19-20절
19너희 몸은 너희가 하나님께로부터 받은 바 너희 가운데 계신 성령의 전인 줄을 알지 못하느냐 너희는 너희 자신의 것이 아니라 20값으로 산 것이 되었으니 그런즉 너희 몸으로 하나님께 영광을 돌리라

2) 성령님은 어디에 거하십니까?

요한복음 15장 26절
내가 아버지께로부터 너희에게 보낼 보혜사 곧 아버지께로부터 나오시는 진리의 성령이 오실 때에 그가 나를 증언하실 것이요

3) 성령님의 다른 이름은 무엇입니까?

5 성령님은 하나님이십니다.

스가랴 4장 6절
그가 내게 대답하여 이르되 여호와께서 스룹바벨에게 하신 말씀이 이러하니라 만군의 여호와께서 말씀하시되 이는 힘으로 되지 아니하며 능력으로 되지 아니하고 오직 나의 영으로 되느니라

1) 사람의 힘이나 능으로 되지 않은 것을 되게 하시는 분은 누구십니까?

시편 139편 7-8절
7내가 주의 영을 떠나 어디로 가며 주의 앞에서 어디로 피하리이까 8내가 하늘에 올라갈지라도 거기 계시며 스올에 내 자리를 펼지라도 거기 계시니이다

2) 성령님은 어디에 계십니까?

고린도전서 2장 10-11절
10오직 하나님이 성령으로 이것을 우리에게 보이셨으니 성령은 모든 것 곧 하나님의 깊은 것까지도 통달하시느니라 11사람의 일을 사람의 속에 있는 영 외에 누가 알리요 이와 같이 하나님의 일도 하나님의 영 외에는 아무도 알지 못하느니라

3) 성령님은 하나님의 무엇을 아십니까?

6 성령님은 전인격적인 하나님이십니다.

요한복음 14장 26절
보혜사 곧 아버지께서 내 이름으로 보내실 성령 그가 너희에게 모든 것을 가르치고 내가 너희에게 말한 모든 것을 생각나게 하리라

1) 성령님께서 지성을 가지고 하시는 일은 무엇입니까?

에베소서 4장 30절
하나님의 성령을 근심하게 하지 말라 그 안에서 너희가 구원의 날까지 인치심을 받았느니라

2) 성령님께서 감정을 가진 증거는 무엇입니까?

사도행전 16장 6-7절
6성령이 아시아에서 말씀을 전하지 못하게 하시거늘 그들이 브루기아와 갈라디아 땅으로 다녀가 7무시아 앞에 이르러 비두니아로 가고자 애쓰되 예수의 영이 허락하지 아니하시는지라

3) 성령님께서 의지를 가지고 행하시는 것은 무엇입니까?

○ Guide

사람이 하나님의 형상을 따라 창조되었다고 할 때, 하나님의 형상을 지(知), 정(情), 의(意)라고 합니다. 성령 하나님은 지정의(知情意)를 가지신 분이시며, 인간의 불완전한 정정(呈政)의를 완전케 하십니다. 그래서 성령이 임한 사람에게는 하나님의 형상인 지정의(知情意)가 온전해지면서 하나님의 완전을 향해 나아가는 것입니다.

7 성령님의 사역을 알아보겠습니다.

에베소서 1장 13절
그 안에서 너희도 진리의 말씀 곧 너희의 구원의 복음을 듣고 그 안에서 또한 믿어 약속의 성령으로 인치심을 받았으니

1) 성령께서 복음을 듣고 믿는 자에게 무슨 일을 하십니까?

요한복음 3장 3-6절
3예수께서 대답하여 이르시되 진실로 진실로 네게 이르노니 사람이 거듭나지 아니하면 하나님의 나라를 볼 수 없느니라 4니고데모가 이르되 사람이 늙으면 어떻게 날 수 있사옵나이까 두 번째 모태에 들어갔다가 날 수 있사옵나이까 5예수께서 대답하시되 진실로 진실로 네게 이르노니 사람이 물과 성령으로 나지 아니하면 하나님의 나라에 들어갈 수 없느니라 6육으로 난 것은 육이요 영으로 난 것은 영이니

2) 사람은 누구를 통해 거듭날 수 있습니까?

베드로후서 1장 21절
예언은 언제든지 사람의 뜻으로 낸 것이 아니요 오직 성령의 감동하심을 받은 사람들이 하나님께 받아 말한 것임이라

3) 사람들은 누구의 감동을 받아 예언을 합니까?

로마서 8장 14절
무릇 하나님의 영으로 인도함을 받는 사람은 곧 하나님의 아들이라

4) 성도의 삶을 인도하는 분은 누구입니까?

　　사도행전 9장 31절
　　그리하여 온 유대와 갈릴리와 사마리아 교회가 평안하여 든든히 서 가고 주를 경
　　외함과 성령의 위로로 진행하여 수가 더 많아지니라

5) 성도들을 위로하는 분은 누구입니까?

　　고린도전서 12장 9절
　　다른 사람에게는 같은 성령으로 믿음을, 어떤 사람에게는 한 성령으로 병 고치는
　　은사를

6) 성도들에게 은사를 주는 분은 누구십니까?

　　고린도후서 3장 17절
　　주는 영이시니 주의 영이 계신 곳에는 자유가 있느니라

7) 성도들을 자유케 하는 분은 누구십니까?

○ Guide

　　　삼라만상에는 각기 고유한 명칭이 있습니다. 성령님의 명칭을 통해 성령 하
　　나님의 고유한 특성을 알 수 있고, 내 안에 거하시는 성령님과 깊은 교제를
　　누릴 수 있습니다. 성령 하나님을 따르고 동행하는 삶을 통해 성령의 기름
　　부음과 성령충만을 체험할 수 있습니다.

첫 번째 만남을 마치면서

첫 만남 좋으셨지요?

1) 첫 만남의 소감을 함께 나누어 봅니다.

2) 다음 시간에는 임마누엘 성령님을 배웁니다. 예습해 오시기 바랍니다.

3) 전도하고 싶은 분들 3명 정도의 이름을 기록하고, 그분들을 위해 기도하시기를 바랍니다.

수고하셨습니다.
다음 시간에는 임마누엘 성령님을 공부합니다.

두 번째 만남

임마누엘 성령님 (나와 함께하시는 하나님)

함께 살면서

　　남편과 아내는 함께 살면서 아들 딸 낳아 기르면서 가정을 세워갑니다. 자녀들은 부모와 함께 살면서 세상을 배우고 사랑을 배우면서 장성해갑니다. 학생들은 선생님과 함께 살면서 진리를 배우고 정의를 배웁니다. 사람들은 친구들과 함께 살면서 따뜻한 우정과 깊은 신뢰를 쌓아갑니다. 직장인들은 동료들과 함께 살면서, 성도는 성령님과 영원히 함께 살면서 교회를 세우고 하나님나라를 세웁니다.

금주 암송요절 / 요한복음 14장 16-17절

16내가 아버지께 구하겠으니 그가 또 다른 보혜사를 너희에게 주사 영원토록 너희와 함께 있게 하리니 17그는 진리의 영이라 세상은 능히 그를 받지 못하나니 이는 그를 보지도 못하고 알지도 못함이라 그러나 너희는 그를 아나니 그는 너희와 함께 거하심이요 또 너희 속에 계시겠음이라

반갑습니다.
'임마누엘'은 '하나님이 우리와 함께하신다'는 의미입니다. 하나님께서 나와 함께하셨거나, 함께하고 계시는 임마누엘에 대한 다양한 체험들을 함께 나누어 봅시다.

○ **Guide**

> 임마누엘(עִמָּנוּאֵל, Ἐμμανουήλ Immanuel)은 이사야서 7장 14절, 8장 8절에 그 탄생이 예언되는 인물이다. 마태복음 1장 23절에도 등장한다. 임마누엘은 임마누(עִמָּנוּ 우리들과 함께 있다)와 엘(אֵל, 하나님)을 조합한 이름으로, '하나님은 우리들과 함께 계신다.'라는 의미이다.

1

성령 받아야 '임마누엘'이 이루어집니다. 어떻게 성령을 받습니까?

요한복음 20장 22절
이 말씀을 하시고 그들을 향하사 숨을 내쉬며 이르시되 성령을 받으라

1) 예수님은 우리에게 무엇을 받으라고 했습니까?

사도행전 2장 38절
베드로가 이르되 너희가 회개하여 각각 예수 그리스도의 이름으로 세례를 받고 죄 사함을 받으라 그리하면 성령의 선물을 받으리니

2) 성령을 받으려면 어떻게 해야 합니까?

에베소서 1장 13절
그 안에서 너희도 진리의 말씀 곧 너희의 구원의 복음을 듣고 그 안에서 또한 믿어 약속의 성령으로 인치심을 받았으니

3) 성령의 인치심(임마누엘)을 받으려면 어떻게 해야 합니까?

○ Guide

> 예수 믿음으로 성령 받았습니다. 성령은 믿는 자들에게 오십니다. 아직 성령을 받지 못하신 분들은 속히 예수를 믿으십시오. 성령이 없는 사람들은 멸망할 것입니다. 이런 사람들에게 예수를 믿도록 권하십시오.

4) 당신은 성령을 받았습니까? (예수님을 믿습니까?)

5) 성령 받은 증거는 무엇입니까?

○ Guide

> 성령 받은 증거는 많습니다. 예수님을 믿는 것, 예수님을 주님이라고 부르는 것, 성경 말씀이 믿어지는 것, 기도하는 것, 찬송하는 것, 예배드리는 것, 성도들과 교제하는 것, 하나님을 아버지라 부르는 것, 성령의 은사, 성령의 열매, 하나님을 사랑하는 것, 복음을 전하는 것 모두가 성령 받은 증거들입니다.

2 세상은 성령을 모릅니다.

요한복음 14장 17절
그는 진리의 영이라 세상은 능히 그를 받지 못하나니 이는 그를 보지도 못하고 알지도 못함이라 그러나 너희는 그를 아나니 그는 너희와 함께 거하심이요 또 너희 속에 계시겠음이라

1) 성령을 받지 못하는 이는 누구입니까?

2) 세상이 보지도 못하는 것은 무엇입니까?

3) 세상이 알지도 못하는 것은 무엇입니까?

○ Guide

세상 사람들은 성령에 관해서 알지 못합니다. 성령을 받지 못했기 때문입니다. 성령을 받은 사람만 성령을 알 수 있습니다. 마치 귀신을 받은 무당이나 박수들만이 귀신을 확실히 아는 것과 유사합니다. 세상 사람들은 성령을 받지 않았기 때문에 하나님에 대해서도 잘 모르고, 예수님에 대해서도 정확하게 알지 못합니다. 당연히 성령에 대해서는 그 이름마저도 모르는 것입니다.

3 성도들은 성령님을 알 수 있습니다.

고린도전서 3장 16절
너희는 너희가 하나님의 성전인 것과 하나님의 성령이 너희 안에 계시는 것을 알지 못하느냐

1) 우리 안에 누가 계십니까?

2) 당신은 성령께서 당신과 함께 계시는 것을 어떻게 아십니까?

3) 우리 안에 성령이 계시는데도 성령이 우리 안에 계시는 줄을 잘 알지 못하는 까닭은 무엇일까요?

○ Guide

성도들은 성령님을 알 수 있습니다. 성령님께서 성도와 함께 계시면서 여러 가지 현상으로 함께 계시는 것을 알려주기 때문입니다. 성도와 함께 거하신다는 표현은 성도 개인에게도 함께하시지만, 교회 공동체 안에 계신다는 것이 핵심입니다. 성령님께서 가장 활발하게 활동하시는 곳이 교회입니다. 따라서 성도들은 교회 공동체에서 예배드리고, 봉사하고, 교제하며 함께하는 삶을 통해 성령의 인도하심을 받고 구원받는 삶을 누리는 것입니다. 예수 믿는다고 하면서 교회에 나오지 않으면 성령을 받지 못한 사람입니다. 교회에 자주 출입할수록 성령충만을 받습니다. 성령은 교회에서 가장 활발하게 역사하시기 때문입니다.

4 성도는 성령을 알고, 성령을 모시고 있습니다.

요한복음 14장 16-17절

16내가 아버지께 구하겠으니 그가 또 다른 보혜사를 너희에게 주사 영원토록 너희와 함께 있게 하리니 17그는 진리의 영이라 세상은 능히 그를 받지 못하나니 이는 그를 보지도 못하고 알지도 못함이라 그러나 너희는 그를 아나니 그는 너희와 함께 거하심이요 또 너희 속에 계시겠음이라

1) 성령님의 다른 이름은 무엇입니까?(16절)

2) 보혜사(保惠師)의 의미가 무엇입니까?

3) 보혜사는 누구를 지칭합니까?

❍ Guide

보혜사를 헬라어로 파라클레토스(παρακλητος)라고 합니다. '변호사', '상담자', '위로자', '보호자', '대언자'라는 뜻입니다. 이를 한마디로 보혜사(保惠師)라고 합니다. 우리가 어렸을 적에는 부모가 우리 보혜사 역할을 하고, 자라면서 여러 사람들이 우리의 보혜사 역할을 합니다. 예수님은 우리의 상담자시며 위로자이시고 보호자요 대언자이십니다. 그런데 예수님은 예수님을 대신할 보혜사를 우리에게 보내시겠다고 약속하셨습니다. 이 분이 곧 성령님이십니다. 성령님의 인도 없이는 어느 누구도 예수님 앞에 나올 수 없습니다. 성령님의 인도를 통해 예수 앞에 나아가고, 예수님을 통해 하나님께 나아갈 수 있는 것입니다.

5 우리가 성령을 모신 증거는 무엇일까요?

갈라디아서 5장 19-21절

19육체의 일은 분명하니 곧 음행과 더러운 것과 호색과 20우상 숭배와 주술과 원수 맺는 것과 분쟁과 시기와 분냄과 당 짓는 것과 분열함과 이단과 21투기와 술 취함과 방탕함과 또 그와 같은 것들이라 전에 너희에게 경계한 것 같이 경계하노니 이런 일을 하는 자들은 하나님의 나라를 유업으로 받지 못할 것이요

1) 육체의 열매는 무엇입니까?(19절)

2) 육체의 열매를 맺는 결과는 무엇입니까?(20절)

○ Guide

> 육신의 소욕은 갈라디아서 5장 18-20절에 있는 것처럼 음행, 더러운 말과 행동, 조상이나 우상에게 제사하는 것, 술수, 원수 맺는 것, 분쟁, 시기, 분내는 것, 편가르기, 이단에 빠지는 것, 질투, 술취함, 방탕하는 것 등을 포함한 모든 종류의 죄악입니다. 이렇게 세상을 사는 사람들은 하나님나라에 들어갈 수 없고, 하나님나라를 유업으로 받지 못합니다.

갈라디아서 5장 22-24절

22오직 성령의 열매는 사랑과 희락과 화평과 오래 참음과 자비와 양선과 충성과 23온유와 절제니 이같은 것을 금지할 법이 없느니라 24그리스도 예수의 사람들은 육체와 함께 그 정욕과 탐심을 십자가에 못 박았느니라

3) 성령을 모신 사람들에게 나타나는 증거는 무엇입니까?(22-23절)

4) 당신은 성령의 열매를 잘 맺어가고 있습니까?

○ Guide

> 육체의 소욕을 따라 살던 사람들에게 성령이 임하면 육체의 소욕이 아닌 성령의 소욕이 생겨나기 시작합니다. 성령의 소욕은 사랑, 희락, 화평, 오래 참음, 자비, 양선, 충성, 온유, 절제 등입니다. 신자에게는 육신의 소욕과 성령의 소욕이 대립하여 나타납니다. 교회생활을 통해 성령의 기름부음이 지속적으로 임하면서 성령의 소욕이 육신의 소욕을 이겨 갑니다. 왜냐하면 우리는 우리의 육신의 소욕을 예수 그리스도의 십자가에 못 박아 버렸기 때문이요, 성령의 소욕을 주신 성령께서 우리 안에 계시기 때문입니다.

6 성도들은 성령을 모시고 살아갑니다.

고린도전서 3장 16절
너희는 너희가 하나님의 성전인 것과 하나님의 성령이 너희 안에 계시는 것을 알
지 못하느냐

1) 우리가 하나님의 성전인 까닭은 무엇입니까?

2) 우리가 성령을 모시고 살고 있는 증거는 무엇입니까?

○ Guide

성도가 성령님을 모시고 산다는 사실은 엄청난 일입니다. 우리가 창조주 하
나님, 전능하신 하나님과 함께 산다는 것입니다. 그런데 많은 성도들이 이
소중한 진리를 아예 모르거나, 대수롭지 않게 여기고 있는 것 같습니다. 귀
신이 들려도 사람이 달라집니다. 하물며 사단의 권세를 이기신 예수 그리스
도의 영인 성령을 모신 사람이 아무런 변화가 없다는 것은 불가능한 일입
니다. 성령을 모시고 성령으로 사는 사람은 세상 사람들의 눈에 마치 흑과
백이 대조를 이루듯 다르게 보여야 정상입니다. 성령받은 성도들은 불신자
들이 미칠 수 없는 수준의 고상하고 거룩한 인격과 삶을 가지고 살게 된다
는 말입니다.

7 성령을 모시고 살면 어떤 일이 일어날까요?

요한복음 7장 38-39절

38나를 믿는 자는 성경에 이름과 같이 그 배에서 생수의 강이 흘러나오리라 하시니 39이는 그를 믿는 자들이 받을 성령을 가리켜 말씀하신 것이라 (예수께서 아직 영광을 받지 않으셨으므로 성령이 아직 그들에게 계시지 아니하시더라)

1) 믿는 자는 배에서 무엇이 흘러나옵니까?(38절)

2) 왜 성령을 생수로 표현했을까요?

3) 당신에게서 다음 중 무엇이 흘러나옵니까?(바다, 강, 시내, 광야)

○ Guide

바다와 강에는 수많은 생명체들이 살고 있습니다. 성령을 받아 장성한 그리스도인이 되면 수많은 생명을 먹이고 살리며 돌보는 사람이 됩니다. 전도하여 영혼을 살리고, 사업하여 가난한 사람을 살리고, 성령의 은사로 많은 사람을 위로하고, 병도 고쳐주는 사람이 됩니다.

두 번째 만남을 마치면서

　1) 내가 성령을 모시고 살아간다는 엄연한 현실에 대한 결단들을 이야기해
봅시다.

　2) 다음 시간에는 성령충만을 배웁니다. 예습해 오시기 바랍니다.

　3) 전도하고 싶은 세 사람을 만나 간단한 선물을 하고 오시기 바랍니다.

성령충만하라 (성령세례와 성령충만)

건강하고 행복한 결혼생활을 위하여

둘이 만나 사랑했습니다.
함께 미래를 속삭이며 행복했습니다.
결혼 날을 정해 놓고 두근거렸습니다.

세례는 예수 그리스도와의 결혼입니다.
성령세례 받아야 능력 받고 행복합니다.
성령충만해야 풍성한 인생을 살 수 있습니다.

> 금주 암송요절 / 사도행전 2장 33절
> 하나님이 오른손으로 예수를 높이시매 그가 약속하신 성령을 아버지께 받
> 아서 너희가 보고 듣는 이것을 부어 주셨느니라

반갑습니다.

자신의 결혼에 대한 추억을 한 가지씩 이야기해봅시다.

물세례나 성령세례 받을 때의 느낌과 감동이 어떠했는지 이야기해봅시다.

1 물세례

사도행전 2장 38절

베드로가 이르되 너희가 회개하여 각각 예수 그리스도의 이름으로 세례를 받고 죄 사함을 받으라 그리하면 성령의 선물을 받으리니

1) 세례는 누가 받습니까?

2) 세례는 누구의 이름으로 받습니까?

3) 세례를 받고 죄사함을 받으면 무엇을 받습니까?

○ Guide

세례는 구도자가 교회 공동체 앞에서 예수님을 자신의 주와 그리스도로 믿는다고 자신의 신앙을 공개적으로 증거하는 신앙고백적 성례입니다. 물세례는 죄사함을 받게 하는 회개의 세례입니다. 회개한다는 것은 하나님을 섬기지 않고 내가 주인이 되어 살아온 그 동안의 삶을 마감하고 이제부터 예수를 주(主)로 모시고 살겠다는 결단입니다. 회개한 사람은 죄사함을 받습니다. 물세례는 모든 성도들이 예수 믿고 신앙을 고백하면 받는 세례입니다. 물세례는 평생 한 번 받습니다. 성령세례, 성령충만, 성령의 기름부음의 근거가 되는 세례입니다. 물세례는 그리스도인으로 신분이 변했다는 상징을 나타내는 세례입니다.

2 성령세례

○ Guide

성령을 받았다는 주요한 증거는 예수 그리스도를 주(主)로 고백한다는 데
있습니다. 초대교회 당시 로마 황제는 자신을 주(主)로, 하나님으로 주장했
습니다. 자기를 주로 섬기지 않으면 국법에 따라 처형했습니다. 따라서 로
마제국 당시에는 예수를 주로 고백한 사람들은 죽음을 각오했습니다. 죽음
을 각오하고도 예수를 주로 고백한다는 것은 사람의 힘으로는 할 수 없는
일입니다. 성령세례를 받아야만, 성령님의 능력으로만 할 수 있는 일입니다.
여러분들이 초대교회의 성도들처럼 내 모든 것을 다 포기할 각오를 하면서
도 예수를 주인으로 모시겠다고 고백했다면 성령세례를 받은 증거입니다.
성령세례는 일생동안 변함없이 주어지는 구원의 확신입니다.

사도행전 1장 8절
오직 성령이 너희에게 임하시면 너희가 권능을 받고 예루살렘과 온 유대와 사마
리아와 땅 끝까지 이르러 내 증인이 되리라 하시니라

1) 성령이 임하면 무엇을 받습니까?

2) 성령이 임한다는 것을 성령세례라고도 합니다. 왜 성령으로 세례를 줄까요?

고린도전서 12장 3절
내가 너희에게 알리노니 하나님의 영으로 말하는 자는 누구든지 예수를 저주할 자
라 하지 아니하고 또 성령으로 아니하고는 누구든지 예수를 주시라 할 수 없느니라

3) 성령세례를 받은 증거는 무엇입니까?

4) 당신에게 성령세례를 받은 증거는 무엇이 있습니까?

마태복음 3장 11절
나는 너희로 회개하게 하기 위하여 물로 세례를 베풀거니와 내 뒤에 오시는 이는
나보다 능력이 많으시니 나는 그의 신을 들기도 감당하지 못하겠노라 그는 성령
과 불로 너희에게 세례를 베푸실 것이요

5) 성령세례는 누가 주십니까?

6) 누가 성령세례를 받습니까?

○ Guide

성령은 능력을 행사하시는 전능하신 하나님이십니다. 성령 하나님은 성도
들이 필요로 할 때 필요한 정도의 능력을 부어주십니다. 주로 성도들이 하
나님의 일을 할 때, 성도들의 사역을 통해 하나님의 능력이 나타나야 할 때,
복음전파를 위해 능력이 나타나야 할 때라고 여기실 때 성령께서 능력을
부어주십니다. 그래서 성령세례는 불세례, 능력세례입니다.

사도행전 2장 38절
베드로가 이르되 너희가 회개하여 각각 예수 그리스도의 이름으로 세례를 받고
죄 사함을 받으라 그리하면 성령의 선물을 받으리니

7) 어떻게 성령세례를 받습니까?

사도행전 1장 14절, 2장 1-2절
1:14여자들과 예수의 어머니 마리아와 예수의 아우들과 더불어 마음을 같이하여 오로지 기도에 힘쓰더라, 2:1오순절 날이 이미 이르매 그들이 다같이 한 곳에 모였더니 2홀연히 하늘로부터 급하고 강한 바람 같은 소리가 있어 그들이 앉은 온 집에 가득하며

8) 여자들과 예수의 어머니 마리아와 예수의 아우들이 무엇을 하고 있었습니까?

9) 여자들과 예수의 어머니 마리아와 예수의 아우들이 기도하고 있을 때 무슨 일이 일어났습니까?

사도행전 19장 6절
바울이 그들에게 안수하매 성령이 그들에게 임하시므로 방언도 하고 예언도 하니

10) 바울이 안수할 때 무슨 일이 일어났습니까?

○ Guide

성령님은 거룩한 분이시기 때문에 죄와 함께할 수 없습니다. 성령님은 죄를 회개하는 그리스도인들에게 임합니다. 성령님은 성령님을 간절히 사모하는 그리스도인들에게 임합니다. 예수께서 부활승천하시고 첫 오순절에 성령세례를 받은 120명의 제자들은 성령으로 세례를 받기 위해 열흘 동안 기도에 힘썼습니다. 성령님은 기도하는 곳에 임하십니다. 성령님은 주의 종의 안수를 통해서도 임합니다. 베드로와 요한의 안수를 통해 사마리아교회의 성도들이 성령을 받았고, 아나니아의 안수로 바울이 성령을 받았고, 그리고 바울의 안수로 에베소의 성도들이 성령을 받았습니다(행 8-9장).

3 성령충만을 받으라

에베소서 5장 17-18절

17그러므로 어리석은 자가 되지 말고 오직 주의 뜻이 무엇인가 이해하라 18술 취하지 말라 이는 방탕한 것이니 오직 성령으로 충만함을 받으라

1) 성도는 왜 주의 뜻을 이해해야 합니까?(17절)

2) 어떻게 해야 주의 뜻을 이해할 수 있습니까?(18절)

3) 성령충만이 무엇이라고 여겨집니까?(18절)

○ Guide

성령충만은 성령세례를 받은 사람에게 주어지는 것으로, 성령께 순종하는 삶입니다. 성령께 순종하는 삶을 통해 성령의 은사가 나타나고, 성령의 열매를 맺습니다. 성령께 순종, 성령의 인도를 받음, 성령의 지배하심이 성도의 삶 속에서 지속되는 것이 성령충만입니다. 그래서 성령충만은 은사충만, 생활충만이라고 할 수 있습니다. 성령충만은 성도의 일생 가운데 그치지 않고 계속되어야 합니다. 성령을 받지 않는 불신자들은 지속적으로 공중권세 잡은 자의 지배를 받고 살아갑니다. 그래서 사단은 불신자들을 통해서, 또는 환경을 통해서 성도들을 대적합니다. 성도들은 세상에 사는 동안 하나님께서 주신 성도로서의 사명을 감당하기 위해 악한 영과 대적해서 승리해야 합니다. 성령충만해야 악한 영을 이길 수 있습니다. 그래서 성도는 지속적인 성령의 충만을 받아야 하는 것입니다.

4 성령충만의 경험들

에스겔 47장 1, 5, 9, 12절
1그가 나를 데리고 성전 문에 이르시니 성전의 앞면이 동쪽을 향하였는데 그 문지방 밑에서 물이 나와 동쪽으로 흐르다가 성전 오른쪽 제단 남쪽으로 흘러내리더라 5다시 천 척을 측량하시니 물이 내가 건너지 못할 강이 된지라 그 물이 가득하여 헤엄칠 만한 물이요 사람이 능히 건너지 못할 강이더라 9이 강물이 이르는 곳마다 번성하는 모든 생물이 살고 또 고기가 심히 많으리니 이 물이 흘러 들어가므로 바닷물이 되살아나겠고 이 강이 이르는 각처에 모든 것이 살 것이며 12 강 좌우 가에는 각종 먹을 과실나무가 자라서 그 잎이 시들지 아니하며 열매가 끊이지 아니하고 달마다 새 열매를 맺으리니 그 물이 성소를 통하여 나옴이라 그 열매는 먹을 만하고 그 잎사귀는 약 재료가 되리라

1) 성전에서에서 흘러나오는 물은 성령을 상징합니다(고전 3:16, 요 7:39). 성전에서 흘러나온 물이 무엇이 됩니까?(5절)

2) 물이 강이 되었다는 것은 성령의 충만을 말합니다. 성령충만하면 어떤 일이 일어납니까?(9, 12절)

사도행전 2장 4절
그들이 다 성령의 충만함을 받고 성령이 말하게 하심을 따라 다른 언어들로 말하기를 시작하니라

3) 성령의 충만함을 받고 무슨 일이 일어났습니까?

4) 다른 언어란 무엇일까요?

사도행전 6장 3절
형제들아 너희 가운데서 성령과 지혜가 충만하여 칭찬 받는 사람 일곱을 택하라 우리가 이 일을 그들에게 맡기고

5) 어떤 사람을 교회의 지도자로 선택했습니까?

6) 성령충만하면 왜 지혜도 충만해질까요?

7) 성령과 지혜가 충만한 사람이 칭찬을 받는 이유는 무엇일까요?

5 성령충만하려면

사도행전 4장 31절
빌기를 다하매 모인 곳이 진동하더니 무리가 다 성령이 충만하여 담대히 하나님
의 말씀을 전하니라

1) 빌기를 다했다는 것은 무슨 뜻입니까?

2) 혼자 기도하기보다 함께 모여 기도할 때 성령충만한 이유는 무엇일까요?

3) 성령충만의 목적은 무엇입니까?

사도행전 11장 24절
바나바는 착한 사람이요 성령과 믿음이 충만한 사람이라 이에 큰 무리가 주께 더
하여지더라

4) 바나바는 어떤 사람입니까?

5) 성령이 충만한 사람은 왜 믿음도 충만해질까요?

6) 성령과 믿음이 충만한 결과는 무엇이었습니까?

세 번째 만남을 마치면서

1) 성령의 충만함을 받기 위해서 내가 해야 할 일들을 기록하고 나누어 봅시다.

2) 다음 시간에는 축복의 소낙비를 기대하며 예습해 오시기 바랍니다.

3) 전도하고 싶은 세 사람과 커피나 식사를 함께합니다.

네 번째 만남

축복의 소낙비 (성령의 기름부음)

축복의 소낙비

소낙비는 메마른 땅을 살리는 축복의 선물입니다.
성령의 기름부음은 영혼과 범사가 잘되는 축복의 소낙비!
성령의 기름부음은 가정과 교회가 번성하는 축복의 소낙비!
성령의 기름부음은 나라가 부강해지는 축복의 소낙비!
성령으로
기름부으소서!!
기름부으소서!!

> **금주 암송요절 / 에스겔 34장 26절**
> 내가 그들에게 복을 내리고 내 산 사방에 복을 내리며 때를 따라 소낙비를
> 내리되 복된 소낙비를 내리리라

반갑습니다.
어떻게 하면 앞으로의 인생을 보람 있게, 행복하게 살 수 있겠습니까?

1 기름부음

사도행전 5장 42절
그들이 날마다 성전에 있든지 집에 있든지 예수는 그리스도라고 가르치기와 전도하기를 그치지 아니하니라

1) 예수님의 대표적인 직분은 무엇입니까?

2) 그리스도란 무슨 뜻입니까?

O Guide

헬라어 크리스마(Χρισμα)는 '기름을 바른다, 기름을 붓는다, 성령의 공급'이라는 의미입니다. 이 단어에서 그리스도(Χριστοζ)라는 말이 나왔습니다. 예수님을 그리스도라고 하는데, 기름 부음을 받은 분이라는 의미입니다. 그러면 어떤 사람에게 기름을 부었을까요? 하나님은 하나님의 일을 하기 위해 사명을 주셨고, 직분을 주셨으며, 그 직분을 잘 감당하라고 기름부음, 곧 성령을 부었습니다. 예수 그리스도는 기름부음을 받은 분(그리스도)이시고, 우리 성도들도 기름부음을 받은 자(그리스도인)입니다. 그러므로 성도는 예수 그리스도의 사역을 계승하는 위대한 자들입니다. 1세기가 성령의 기름부음을 받은 자들이 이끌어가는 활동무대였던 것처럼, 21세기도 성령의 기름부음 받은 자들이 주도하는 세상입니다.

2 구약의 기름부음

출애굽기 28장 41절
너는 그것들로 네 형 아론과 그와 함께 한 그의 아들들에게 입히고 그들에게 기름
을 부어 위임하고 거룩하게 하여 그들이 제사장 직분을 내게 행하게 할지며

1) 하나님은 모세에게 명하여 아론과 그의 아들들에게 무엇을 부으라고 하
셨습니까?

2) 기름을 붓는 것은 위임예식입니다. 위임이 무엇입니까?

3) 어떤 직분을 위임할 때 기름을 부었습니까?

○ Guide

> 구약시대에는 하나님께서 특정한 사명을 받은 특정 인물들에게 기름을 부
> 었습니다. 기름부음은 하나님의 신, 성령의 임재를 상징하는 것이었습니다.
> 일반적으로 제사장으로 취임할 때, 왕으로 즉위할 때, 선지지로 임명받을
> 때 기름을 부었습니다.

사사기 3장 9절
이스라엘 자손이 여호와께 부르짖으매 여호와께서 이스라엘 자손을 위하여 한 구
원자를 세워 그들을 구원하게 하시니 그는 곧 갈렙의 아우 그나스의 아들 옷니엘
이라

4) 여호와께서 이스라엘 자손을 위해 무엇을 세웠습니까?

5) 누가 구원자가 되었습니까?

○ Guide

'구원자'라는 말이 메시아(그리스도)인데, 기름부음을 받은 자라는 뜻입니다. 하나님께서 사사시대에 이스라엘을 구원할 때마다 사사들을 세워 이스라엘을 구원했는데, 옷니엘은 첫 번째 사사입니다. 옷니엘의 뒤를 이어 에훗, 삼갈, 바락, 기드온, 돌라, 야일, 입다, 입산, 엘론, 압돈, 삼손 등이 하나님의 기름부음을 받고 사사로 활동했습니다. 기름부음은 사역과 능력의 계승입니다.

사무엘하 5장 3절
이에 이스라엘 모든 장로가 헤브론에 이르러 왕에게 나아오매 다윗 왕이 헤브론에서 여호와 앞에 그들과 언약을 맺으매 그들이 다윗에게 기름을 부어 이스라엘 왕으로 삼으니라

6) 이스라엘의 모든 장로들과 다윗은 누구 앞에서 언약을 맺었습니까?

7) 이스라엘의 장로들은 다윗을 무엇으로 삼았습니까?

8) 이스라엘 장로들이 다윗을 왕으로 삼기 위해 어떤 예식을 행했습니까?

열왕기상 19장 15-16절
15여호와께서 그에게 이르시되 너는 네 길을 돌이켜 광야를 통하여 다메섹에 가서 이르거든 하사엘에게 기름을 부어 아람의 왕이 되게 하고 16너는 또 님시의 아들 예후에게 기름을 부어 이스라엘의 왕이 되게 하고 또 아벨므홀라 사밧의 아들 엘리사에게 기름을 부어 너를 대신하여 선지자가 되게 하라

9) 하나님께서 엘리야에게 명하신 것은 무엇입니까?

10) 엘리야를 대신하여 선지자 직임을 맡을 사람은 누구입니까?

11) 엘리야 선지자가 엘리사를 선지자로 세우기 위해 한 일은 무엇입니까?

○ Guide

구약의 기름부음은 하나님의 신이 임함, 성령을 부으심, 성령의 임재를 의미합니다. 기름부음을 받으면 성령께서 임하심으로, 하나님께서 함께하시는 것입니다. 구약에서는 특정 인물들에게 선택적으로 기름을 부었습니다. 그런데 그리스도가 오시면, 즉 기름부음을 받고 기름을 부으시는 분이 오시면, 모든 성도들이 기름부음을 받을 것, 즉 모든 성도가 성령 받을 것이 예언됩니다.

요엘 2장 28절
그 후에 내가 내 영을 만민에게 부어 주리니 너희 자녀들이 장래 일을 말할 것이며 너희 늙은이는 꿈을 꾸며 너희 젊은이는 이상을 볼 것이며

12) 하나님은 누구에게 하나님의 영을 부어주실 것이라고 약속하셨습니까?

13) 하나님의 영은 누구십니까?

3 예수님께서 받으신 기름부으심

마태복음 3장 16절
예수께서 세례를 받으시고 곧 물에서 올라오실새 하늘이 열리고 하나님의 성령이
비둘기 같이 내려 자기 위에 임하심을 보시더니

1) 예수님께서 세례를 받으실 때 무슨 일이 일어났습니까?

2) 세례 받으신 예수님에게 무엇이 비둘기같이 임했습니까?

4 예언의 성취

사도행전 10장 38절
하나님이 나사렛 예수에게 성령과 능력을 기름 붓듯 하셨으매 그가 두루 다니시며 선한 일을 행하시고 마귀에게 눌린 모든 사람을 고치셨으니 이는 하나님이 함께 하셨음이라

1) 하나님께서 예수님에게 무엇을 부으셨습니까?

2) 성령의 기름부음을 받으신 주님께서 무슨 일을 하셨습니까?

사도행전 2장 1-4절
1오순절 날이 이미 이르매 그들이 다같이 한 곳에 모였더니 2홀연히 하늘로부터 급하고 강한 바람 같은 소리가 있어 그들이 앉은 온 집에 가득하며 3마치 불의 혀처럼 갈라지는 것들이 그들에게 보여 각 사람 위에 하나씩 임하여 있더니 4그들이 다 성령의 충만함을 받고 성령이 말하게 하심을 따라 다른 언어들로 말하기를 시작하니라

3) 초대교회 오순절 날 무슨 일이 일어났습니까?(2-3절)

4) 오순절 날 성령하나님께서 오셔서, 한 곳에 모여 기도하는 제자들에게 성령을 부어주셨습니다. 성령받은 사람들에게 말하게 하신 분은 누구십니까?(4절)

5) 성령의 기름부음을 받은 후 나타나는 현상 중의 하나는 무엇입니까?(4절)

○ **Guide**

> 성령이 오실 것과, 성령의 기름부음은 이미 구약성경에 예언되어 있습니다.
> 베드로 사도는 오순절에 일어난 성령의 오심을 구약성경의 예언 성취라고
> 말하고 있습니다.

사도행전 2장 17-18절

17하나님이 말씀하시기를 말세에 내가 내 영을 모든 육체에 부어 주리니 너희의
자녀들은 예언할 것이요 너희의 젊은이들은 환상을 보고 너희의 늙은이들은 꿈을
꾸리라 18그 때에 내가 내 영을 내 남종과 여종들에게 부어 주리니 그들이 예언
할 것이요

6) 사도행전 2:17-18절은 구약 어떤 성경의 성취입니까?(욜 2:28-32)

7) 성령의 기름부음을 다른 말로 어떻게 표현하고 있습니까?(17절)

8) 성령의 기름부음을 받으면 어떤 현상이 일어납니까?(17-18절)

요한일서 2장 27절

너희는 주께 받은 바 기름부음이 너희 안에 거하나니 아무도 너희를 가르칠 필요
가 없고 오직 그의 기름부음이 모든 것을 너희에게 가르치며 또 참되고 거짓이 없
으니 너희를 가르치신 그대로 주 안에 거하라

9) 주께 받은 바 기름부음은 무엇을 의미합니까?

10) 주께 받은 바 기름부음이 누구에게 거합니까?

11) 누가 기름을 부으십니까?

○ Guide

구약의 예언과, 주님께서 약속하신 기름부음은 우리 모든 성도에게 임하여 있습니다. 기름부음은 직분을 감당하기 위한 성령세례라고도 합니다. 따라서 기름부음은 성령세례의 한 부분으로 볼 수도 있습니다.

5 기름부음의 축복

○ Guide

기름부음은 축복입니다. 우리에게 성령의 기름이 부어지면 각종 은사와 능력이 나타나게 됩니다. 우리 성품에 부어지면 성령의 9가지 열매를 맺게 됩니다. 우리 삶에 부어지면 성령이 우리의 삶을 인도해 주십니다. 우리 사업에 부어지면 사업에 형통한 복이 임하게 됩니다. 우리 가정에 부어지면 가정이 행복한 복을 받게 됩니다. 교회에 부어지면 교회가 부흥하고 나라가 흥왕케 됩니다. 구체적으로 살펴보겠습니다.

누가복음 4장 18절
주의 성령이 내게 임하셨으니 이는 가난한 자에게 복음을 전하게 하시려고 내게 기름을 부으시고 나를 보내사 포로 된 자에게 자유를, 눈 먼 자에게 다시 보게 함을 전파하며 눌린 자를 자유롭게 하고

1) 기름부음을 받으면 어떤 축복이 주어집니까?

2) 당신은 어떤 축복을 받았습니까?

사도행전 10장 38절
하나님이 나사렛 예수에게 성령과 능력을 기름 붓듯 하셨으매 그가 두루 다니시며 선한 일을 행하시고 마귀에게 눌린 모든 사람을 고치셨으니 이는 하나님이 함께 하셨음이라

3) 하나님께서 예수님께 무엇을 기름 붓듯 하셨습니까?

4) 기름부음을 받으면 무엇을 할 수 있습니까?

5) 주께서 기름부음을 받으시고 선한 일을 행하셨는데, 선한 일의 원어 '유 앙겔레오'는 복음을 말합니다. 복음이 왜 선한 일, 착한 일입니까?

○ **Guide**

> 기름부음이 임하면, 해방되어 자유케 되고(죄에서, 회의에서, 방황에서, 탈 진에서), 눈이 열리고(천국, 믿음, 미래, 직장), 담대함으로 선한 일에 힘쓰고 (전도, 구제), 귀신이 나가고, 기쁨과 감사가 충만해지고, 영육간의 질병이 치유되어 회복의 역사가 일어납니다.

사도행전 1장 8절
오직 성령이 너희에게 임하시면 너희가 권능을 받고 예루살렘과 온 유대와 사마 리아와 땅 끝까지 이르러 내 증인이 되리라 하시니라

6) 성령의 기름부음을 받으면 무엇을 받습니까?

7) 성령의 기름부음을 받아 능력이 생기면 그 능력으로 무엇을 합니까?

8) 왜 전도(선교)가 축복입니까?

유다서 1장 20절
사랑하는 자들아 너희는 너희의 지극히 거룩한 믿음 위에 자신을 세우며 성령으로 기도하며

9) 성령으로 기도하라는 말은 성령의 기름부음을 받아 기도하라는 말입니다. 일상적인 기도와 성령의 기름부음 받은 기도는 어떤 차이가 있을까요?

10) 성령으로 기도해보셨습니까?

11) 성령으로 기도하는 것이 왜 축복입니까?

스가랴 4장 6절
그가 내게 대답하여 이르되 여호와께서 스룹바벨에게 하신 말씀이 이러하니라 만군의 여호와께서 말씀하시되 이는 힘으로 되지 아니하며 능력으로 되지 아니하고 오직 나의 영으로 되느니라

12) 힘으로도, 능으로도 안 되는 일이 무엇으로 됩니까?

6 기름부음을 받아야

열왕기하 2장 8-14절

8엘리야가 겉옷을 가지고 말아 물을 치매 물이 이리 저리 갈라지고 두 사람이 마른 땅 위로 건너더라 9건너매 엘리야가 엘리사에게 이르되 나를 네게서 데려감을 당하기 전에 내가 네게 어떻게 할지를 구하라 엘리사가 이르되 당신의 성령이 하시는 역사가 갑절이나 내게 있게 하소서 하는지라 10이르되 네가 어려운 일을 구하는도다 그러나 나를 네게서 데려가시는 것을 네가 보면 그 일이 네게 이루어지려니와 그렇지 아니하면 이루어지지 아니하리라 하고 11두 사람이 길을 가며 말하더니 불수레와 불말들이 두 사람을 갈라놓고 엘리야가 회오리 바람으로 하늘로 올라가더라 12엘리사가 보고 소리 지르되 내 아버지여 내 아버지여 이스라엘의 병거와 그 마병이여 하더니 다시 보이지 아니하는지라 이에 엘리사가 자기의 옷을 잡아 둘로 찢고 13엘리야의 몸에서 떨어진 겉옷을 주워 가지고 돌아와 요단 언덕에 서서 14엘리야의 몸에서 떨어진 그의 겉옷을 가지고 물을 치며 이르되 엘리야의 하나님 여호와는 어디 계시니이까 하고 그도 물을 치매 물이 이리 저리 갈라지고 엘리사가 건너니라

1) 기름부음을 통해 사역이 계승됩니다. 엘리사는 누구를 통해 기름부음을 받았습니까?

사도행전 1장 8절

오직 성령이 너희에게 임하시면 너희가 권능을 받고 예루살렘과 온 유대와 사마리아와 땅 끝까지 이르러 내 증인이 되리라 하시니라

2) 당신은 누구의 사역을 계승해야 합니까?

○ Guide

> 그리스도는 기름부음을 받은 자이시고, 우리 성도들도 기름부음을 받은 자
> 입니다. 그러므로 성도는 예수 그리스도의 사역을 계승합니다. 성령의 기름
> 부음 받은 자들이 세상을 살립니다. 세상을 주도합니다.
> 어떻게 기름부음을 받을 수 있을까요?

7 기름부음을 받으려면

누가복음 24장 49절
볼지어다 내가 내 아버지께서 약속하신 것을 너희에게 보내리니 너희는 위로부터 능력으로 입혀질 때까지 이 성에 머물라 하시니라

1) 주님께서는 제자들에게 성령의 기름부음을 약속하시면서 어떻게 하라고 하셨습니까?

사도행전 1장 13-14절
13들어가 그들이 유하는 다락방으로 올라가니 베드로, 요한, 야고보, 안드레와 빌립, 도마와 바돌로매, 마태와 및 알패오의 아들 야고보, 셀롯인 시몬, 야고보의 아들 유다가 다 거기 있어 14여자들과 예수의 어머니 마리아와 예수의 아우들과 더불어 마음을 같이하여 오로지 기도에 힘쓰더라

2) 제자들은 기름부음을 받기 위해 기다리면서 무엇을 했습니까?(14절)

3) 누가 기름부음을 받습니까?

이사야 25장 9절, 10장 27절, 27장 1절
25:9그 날에 말하기를 이는 우리의 하나님이시라 우리가 그를 기다렸으니 그가 우리를 구원하시리로다 이는 여호와시라 우리가 그를 기다렸으니 우리는 그의 구원을 기뻐하며 즐거워하리라 할 것이며 10:27그 날에 그의 무거운 짐이 네 어깨에서 떠나고 그의 멍에가 네 목에서 벗어지되 기름진 까닭에 멍에가 부러지리라 27:1그 날에 여호와께서 그의 견고하고 크고 강한 칼로 날랜 뱀 리워야단 곧 꼬불꼬불한 뱀 리워야단을 벌하시며 바다에 있는 용을 죽이시리라

4) 구약성경에 나타나는 그 날은 예배드리는 날입니다. 주일입니다. 예배드릴 때 우리는 누구를 기다립니까?(사 25:9)

5) 그 날 예배 중에 성령이 임하시면 우리는 무엇을 기뻐합니까?(사 25:9)

6) 그 날 예배 중에 성령이 임하시면 무엇이 떠나가고, 무엇이 벗겨집니까?(사 10:27)

7) 그날 예배 중에 누가 벌을 받고, 누가 죽습니까?(사 27:1)

주일 예배는 최고의 기름부음의 시간입니다. 기름부음을 기대하며 주일을 준비하면 준비한 만큼 성령의 기름부음을 받습니다.

○ Guide

성령의 기름부음은 축복입니다. 성령의 기름부음은 사모하며 기다리는 사람이 받습니다. 성령의 기름부음은 기도하는 중에 임하며, 찬양하는 중에 임합니다. 성령의 기름부음은 주님께 헌신하는 중에 임하기도 합니다.

네 번째 만남을 마치면서

1) 당신이 성령의 기름부음을 받기 위해 지금부터 해야 할 일을 기록해 봅시다.

2) 예습을 하면서 내게 있는 성령의 은사와 성령의 열매가 무엇인지 알아오시기 바랍니다.

3) 전도하고 싶은 세 사람과 커피나 식사를 함께합니다.

다섯 번째 만남

내게 있는 것으로 (성령의 은사와 열매)

내게 있는 것

나를 끝없이 사랑하는 부모 형제가 있습니다.

나를 가르치고 돌봐주신 선생님들이 계십니다.

나와 일생을 함께하는 배우자가 있습니다.

나에게는 하나님께서 주신 재능들이 있습니다.

나에게는 성령께서 주신 좋은 성품들도 있습니다.

하나님께서 이웃을 잘 섬기라고 주신 선물입니다.

금주 암송요절 / 로마서 12장 6-8절

6우리에게 주신 은혜대로 받은 은사가 각각 다르니 혹 예언이면 믿음의 분수대로, 7혹 섬기는 일이면 섬기는 일로, 혹 가르치는 자면 가르치는 일로, 8혹 위로하는 자면 위로하는 일로, 구제하는 자는 성실함으로, 다스리는 자는 부지런함으로, 긍휼을 베푸는 자는 즐거움으로 할 것이니라 반갑습니다.
당신이 가지고 있는 재산들과, 당신이 가장 소중하게 여기는 재산은 어떤
것인지 함께 나누어 봅시다.

1 성령의 은사

고린도전서 7장 7절
나는 모든 사람이 나와 같기를 원하노라 그러나 각각 하나님께 받은 자기의 은사
가 있으니 이 사람은 이러하고 저 사람은 저러하니라

1) 하나님은 각각의 성도에게 무엇을 주십니까?

2) 당신에게도 은사가 있을까요?

3) 당신의 은사가 무엇 무엇인지 알고 있습니까?

○ Guide

모든 성도들은 성령을 선물로 받았습니다. 성령을 받은 모든 성도들은 성령
의 은사도 함께 받았습니다. 성령의 은사가 없이는 어느 누구도 그리스도의
몸된 교회에 소속될 수가 없습니다. 구원받은 성도는 누구를 막론하고 성령
의 은사를 받았다는 사실입니다.

2 하나님은 왜 우리에게 은사를 주셨을까요?

고린도전서 12장 4,7절

4은사는 여러 가지나 성령은 같고 7각 사람에게 성령을 나타내심은 유익하게 하려 하심이라

1) 성령의 은사(4절)의 다른 표현은 무엇입니까?(7절)

2) 성령의 은사를 주신 목적은 무엇입니까?(7절)

3) 당신은 성령의 은사를 가지고 어떤 유익한 일을 하고 있습니까?

○ Guide

성령님께서 성도들에게 성령의 은사를 주신 목적은 예수 그리스도의 몸인 교회를 세우는 데 있습니다. 은사는 자신을 위해 있지 않고, 교회의 성도들을 섬기기 위해 있습니다. 그럼에도 불구하고 은사를 가지고 섬길 때, 섬기는 성도가 성령의 열매를 맺는 복을 받습니다.

3 어떤 은사들이 있을까요?

로마서 12장 6-8절

6우리에게 주신 은혜대로 받은 은사가 각각 다르니 혹 예언이면 믿음의 분수대로, 7혹 섬기는 일이면 섬기는 일로, 혹 가르치는 자면 가르치는 일로, 8혹 위로하는 자면 위로하는 일로, 구제하는 자는 성실함으로, 다스리는 자는 부지런함으로, 긍휼을 베푸는 자는 즐거움으로 할 것이니라

고린도전서 12장 8-10절

8어떤 사람에게는 성령으로 말미암아 지혜의 말씀을, 어떤 사람에게는 같은 성령을 따라 지식의 말씀을, 9다른 사람에게는 같은 성령으로 믿음을, 어떤 사람에게는 한 성령으로 병 고치는 은사를, 10어떤 사람에게는 능력 행함을, 어떤 사람에게는 예언함을, 어떤 사람에게는 영들 분별함을, 다른 사람에게는 각종 방언 말함을, 어떤 사람에게는 방언들 통역함을 주시나니

에베소서 4장 11절

그가 어떤 사람은 사도로, 어떤 사람은 선지자로, 어떤 사람은 복음 전하는 자로, 어떤 사람은 목사와 교사로 삼으셨으니

1) 위의 성경에 나타난 은사들을 기록해 봅시다.

♥ 로마서 /

♥ 고린도전서 /

♥ 에베소서 /

2) 기록한 은사들 중 내가 가지고 있는 은사들을 기록해 봅시다.

3) 기록한 은사들 중 가지고 싶은 은사들을 기록해 봅시다.

4) 은사를 가지고 섬기고 있거나, 섬겨야 할 것을 기록해 봅시다.

❍ Guide

성령의 은사에는 여러 가지가 있습니다. 모든 성도들은 이 은사들 중 몇 가지를 가지고 있습니다. 나에게 은사를 주신 목적은 그 은사를 가지고 교회를, 세상을 섬기라는 것입니다. 성도들이 주님 주신 성령의 은사로 교회를 섬길 때 주님께서는 새로운 은사를 더하여 주십니다. 성도는 성령의 은사로 교회를 섬기면서 성령의 열매가 맺혀집니다.

4 주님께서는 열매를 맺으라고 하십니다.

요한복음 15장 8절
너희가 열매를 많이 맺으면 내 아버지께서 영광을 받으실 것이요 너희는 내 제자
가 되리라

○ Guide

> 우리를 향한 하나님의 관심은 열매입니다. 주님께서는 하나님 아버지의 가
> 장 큰 관심이 열매인 것을 누구보다 깊이 알고 계십니다. 아버지께 영광 돌
> 리시기 위해 십자가의 길도 마다않고 기꺼이 가셨던 주님이 이제 우리에게
> 과실을 많이 맺어 아버지께 영광 돌리는 삶을 살기를 당부하고 계십니다.
> 이런 사람이 주님을 닮은 그의 제자가 될 것이라고 하셨습니다.

마태복음 3장 10절
이미 도끼가 나무뿌리에 놓였으니 좋은 열매를 맺지 아니하는 나무마다 찍혀 불
에 던져지리라

1) 과수원지기가 과일나무에서 기대하는 것은 무엇일까요?

2) 과수원지기는 열매 없는 나무를 어떻게 할까요?

5 성령의 열매에는 무엇이 있습니까?

갈라디아서 5장 22-23절

22오직 성령의 열매는 사랑과 희락과 화평과 오래 참음과 자비와 양선과 충성과 23온유와 절제니 이같은 것을 금지할 법이 없느니라

1) 성령의 열매에는 어떤 것들이 있습니까?

2) 나에게 맺혀가는 열매는 어떤 것들입니까?

3) 나에게 부족한(맺혀야 할) 열매는 어떤 것들입니까?

다섯 번째 만남을 마치면서

1) 어떻게 하면 주신 은사를 잘 개발하여 그 분야의 전문가가 될 것인가, 어떻게 하면 성령의 열매를 골고루 풍성하게 맺어갈 것인지를 함께 나누어 봅시다.

2) 마지막 시간 예습하면서 어떻게 나와 우리 교회와 이 민족에게 그날이 올 것인가를 기도하며 묵상해 오세요.

3) 전도하고 싶은 세 사람을 지금 성경공부 중인 한 사람과 함께 커피나 식사를 합니다.

여섯 번째 만남

성령께서 이끄시는 교회 (교회와 성령)

성령이 오시면

성령이 오시면 젊은이들이 환상을 보고

성령이 오시면 어른들이 꿈을 꾸고

성령이 오시면 모든 진리 가운데 인도할 것이며

성령이 오시면 장래 일을 알리며

성령이 오시면 교회가 세워지고

그래서 교회는 성령께서 세우시고, 성령께서 인도하시니, 교회는 성령이 하시는 말씀을 들어야 합니다.

금주 암송요절 / 요한계시록 2장 7절

귀 있는 자는 성령이 교회들에게 하시는 말씀을 들을지어다 이기는 그에게는 내가 하나님의 낙원에 있는 생명나무의 열매를 주어 먹게 하리라

반갑습니다.
교회에서 성령 체험한 경험을 함께 이야기해봅시다.

○ Guide

> 교회는 성령께서 살고 있는 공동체입니다(고전 3:10~). 교회의 모든 구성원
> 은 한 성령을 받습니다. 다양한 개인들이 모여 그리스도 안에서 한몸을 이
> 루고 있습니다(고전 12:13). 각 구성원이 그리스도의 분량까지 자라는 길은
> 말과 행실을 통해서 성령이 나타나도록 하는 것입니다(엡 4:3~). 교회는 예
> 수 그리스도를 주로 모시는 자들의 공동체일 뿐만 아니라(고전 12:3) 성령
> 의 공동체입니다(요14:15-31; 16:5-16).

성 어거스틴은 교회와 성령의 관계에 대해 말하기를 "그리스도와 그의 몸된
교회와의 관계는 인간의 몸에 대한 영혼의 관계와 같다. 한몸에 속한 여러 지
체들 속에서 성령이 작용하는 방식처럼 성령은 전체 교회에 작용한다."라고 하
였습니다.

1 구약에 나타난 성령의 약속

신약시대와 그 이후 교회시대의 성령님의 역사가 계속적이고 보편적인 것인
데 비해, 구약시대의 성령님의 역사는 일시적이고 제한적이었다. 구약시대 성령
님의 역사는 대체적으로 소수의 영적 지도자들에게만 나타났다. 즉, 하나님께서
필요하실 때에 선택된 자들에게 성령으로 기름을 부어주셔서 그들이 맡은 사명
을 감당하게 하셨다.

사도행전 2장 16-18절

16이는 곧 선지자 요엘을 통하여 말씀하신 것이니 일렀으되 17하나님이 말씀하시기를 말세에 내가 내 영을 모든 육체에 부어 주리니 너희의 자녀들은 예언할 것이요 너희의 젊은이들은 환상을 보고 너희의 늙은이들은 꿈을 꾸리라 18그 때에 내가 내 영을 내 남종과 여종들에게 부어 주리니 그들이 예언할 것이요

1) 하나님께서 말세에 모든 육체에 무엇을 부어 주리라고 했습니까?

2) 말세는 언제입니까?

○ Guide

성경적 의미에서의 말세는 예수의 초림과 재림 사이입니다. 예수의 초림은 세상의 종말을 알리는 신호이며, 예수의 재림은 말세가 끝나고 새 시대가 왔다는 신호입니다. 마태복음 24장에는 말세의 징조가 자세히 기록되어 있습니다.

2 성령을 보내시겠다고 약속하신 예수님

요한복음 14장 16절
내가 아버지께 구하겠으니 그가 또 다른 보혜사를 너희에게 주사 영원토록 너희
와 함께 있게 하리니

요한복음 16장 7절
그러나 내가 너희에게 실상을 말하노니 내가 떠나가는 것이 너희에게 유익이라
내가 떠나가지 아니하면 보혜사가 너희에게로 오시지 아니할 것이요 가면 내가
그를 너희에게로 보내리니

1) 예수님께서 보내시겠다는 보혜사는 누구입니까?

2) 성령님은 누가 보내십니까?

○ Guide

> 보혜사(保惠師)는 '도울 보, 은혜 혜, 스승 사'자를 써서 '은혜로 돕는 스승'이
> 라는 뜻입니다. 보혜사로 번역된 헬라 원어는 '파라클레토스(παράκλητος)'
> 인데, 주로 법정에서 피고인을 변호하도록 판사로부터 부름을 받은 사람을
> 가리킵니다. 그래서 '파라클레토스'는 변호자(Advocate), 중보자(Mediator),
> 조력자(Helper), 위로자(Comforter), 상담자(Counselor) 등으로 번역됩니다.
> 성경 속에서 보혜사는 대부분 '성령'을 가리키며(요 14:16, 14:26, 15:26,
> 16:7), 경우에 따라 '그리스도'를 가리키기도 합니다(요일 2:1).

요한복음 14장 26절
보혜사 곧 아버지께서 내 이름으로 보내실 성령 그가 너희에게 모든 것을 가르치
고 내가 너희에게 말한 모든 것을 생각나게 하리라

3 약속대로 세상에 오신 성령님

사도행전 2장 1-4절

1오순절 날이 이미 이르매 그들이 다같이 한 곳에 모였더니 2홀연히 하늘로부터 급하고 강한 바람 같은 소리가 있어 그들이 앉은 온 집에 가득하며 3마치 불의 혀처럼 갈라지는 것들이 그들에게 보여 각 사람 위에 하나씩 임하여 있더니 4그들이 다 성령의 충만함을 받고 성령이 말하게 하심을 따라 다른 언어들로 말하기를 시작하니라

1) 성령님은 언제 오셨습니까?

2) 성령님은 누구에게 오셨습니까?

○ Guide

> 오순절은 유월절, 초막절과 함께 구약의 3대 축제 중의 하나로 유월절로부터 50일째 되는 날입니다. 구약에서는 칠칠절 혹은 맥추절이라고 합니다(레 23:15-16, 신 16:9). 하나님의 백성은 이때 보리 수확의 첫 열매를 하나님께 드렸습니다. 이날은 '처음 익은 열매 드리는 날'이라고도 합니다(민 28:26). 오순절은 수확기의 시작을 의미합니다. 보리의 첫 수확으로 시작된 이 계절은 밀의 수확으로 끝을 맺습니다. 이스라엘 백성들이 하나님께 첫 수확을 드린 것은 하나님께서 최종 수확도 축복하실 것이기 때문이었습니다.

4 교회를 세우신 성령님

사도행전 2장 38-41절

38베드로가 이르되 너희가 회개하여 각각 예수 그리스도의 이름으로 세례를 받고 죄 사함을 받으라 그리하면 성령의 선물을 받으리니 39이 약속은 너희와 너희 자녀와 모든 먼 데 사람 곧 주 우리 하나님이 얼마든지 부르시는 자들에게 하신 것이라 하고 40또 여러 말로 확증하며 권하여 이르되 너희가 이 패역한 세대에서 구원을 받으라 하니 41그 말을 받은 사람들은 세례를 받으매 이 날에 신도의 수가 삼천이나 더하더라

1) 예수 그리스도의 이름으로 세례를 받으면 무엇을 받습니까?

2) 성령을 선물로 받아 교회를 이룬 이들은 몇 사람이었습니까?

❍ Guide

교회의 탄생은 오순절에 임한 성령에 의해서 이루어졌습니다. 하나님의 교회는 하나님의 성령에 의해 세워졌고, 세워져 가고 있습니다. 우리 교회는 누가 세웠을까요? 성령께서 세우셨습니다. 사람은 성령께서 교회를 세우는 데 하나님께 귀한 쓰임 받았을 뿐입니다.

5 성령은 교회를 하나로 통일하신다.

에베소서 4장 4-6절

4몸이 하나요 성령도 한 분이시니 이와 같이 너희가 부르심의 한 소망 안에서 부르심을 받았느니라 5주도 한 분이시요 믿음도 하나요 세례도 하나요 6하나님도 한 분이시니 곧 만유의 아버지시라 만유 위에 계시고 만유를 통일하시고 만유 가운데 계시도다

1) 무엇이 하나인 것처럼 성령도 하나인가?

2) 그리고 무엇 무엇이 하나인가?

○ Guide

교회는 하나입니다. 미국인이 믿는 하나님과 한국인이 믿는 하나님이 다른 것이 아니며, 장로 교인이 믿는 하나님, 감리 교인이 믿는 하나님이 다른 것이 아니라 다 똑같은 한 하나님을 믿고 있습니다. 우리가 주님 앞에 가면 내 교파, 내 교회는 없고 모두 주안에서 한 시민이요, 한 권속으로 만나게 되기 때문입니다. 우리는 한 하나님을 믿습니다. 우리는 한 주님을 믿습니다. 우리는 한 성령님을 믿습니다. 우리는 하나의 교회를 믿습니다.

6 성령께서 교회에 메시지(message)를 줍니다.

요한계시록 2장 7절
귀 있는 자는 성령이 교회들에게 하시는 말씀을 들을지어다 이기는 그에게는 내가 하나님의 낙원에 있는 생명나무의 열매를 주어 먹게 하리라

1) 누가 교회에 말씀하시는가?

2) 교회는 누구의 말씀을 들어야 하는가?

7 성령께서는 교회를 다스리신다.

성령께서 교회를 세웠기 때문에 성령님이 교회를 다스리는 것은 지극히 당연한 일이다. 성령께서 교회를 어떻게 다스리는지 살펴보자.

> **사도행전 13장 2절**
> 주를 섬겨 금식할 때에 성령이 이르시되 내가 불러 시키는 일을 위하여 바나바와 사울을 따로 세우라 하시니
>
> **사도행전 20장 28절**
> 여러분은 자기를 위하여 또는 온 양 떼를 위하여 삼가라 성령이 그들 가운데 여러분을 감독자로 삼고 하나님이 자기 피로 사신 교회를 보살피게 하셨느니라
>
> **에베소서 4장 11-12절**
> 11그가 어떤 사람은 사도로, 어떤 사람은 선지자로, 어떤 사람은 복음 전하는 자로, 어떤 사람은 목사와 교사로 삼으셨으니 12이는 성도를 온전하게 하여 봉사의 일을 하게 하며 그리스도의 몸을 세우려 하심이라

1) 성령께서 교회에 어떤 직분을 세우십니까?

2) 성령께서 교회에 직분을 세우는 목적은 무엇입니까?

○ Guide

성령께서는 예나 지금이나 교회마다 당신이 필요로 하는 일꾼을 세우십니다. 목사를 세우시고, 전도사를 세우시고, 장로를 세우시고, 집사를, 교사를, 일꾼들을 세우십니다. 우리는 성령께서 교회마다 세우신 하나님의 종들을 귀히 여길 줄 알고 존경해야 하겠습니다. 직분 맡은 자는 성령께서 세워주신 직분을 영광스러워하면서 직분에 충성해야겠습니다.

8 성령은 교회가 하는 모든 일과 결정에 영감을 주신다.

사도행전 16장 6-7절

6성령이 아시아에서 말씀을 전하지 못하게 하시거늘 그들이 브루기아와 갈라디아 땅으로 다녀가 7무시아 앞에 이르러 비두니아로 가고자 애쓰되 예수의 영이 허락하지 아니하시는지라

사도행전 9장 31절

그리하여 온 유대와 갈릴리와 사마리아 교회가 평안하여 든든히 서 가고 주를 경외함과 성령의 위로로 진행하여 수가 더 많아지니라

사도행전 5장 12-14절

12사도들의 손을 통하여 민간에 표적과 기사가 많이 일어나매 믿는 사람이 다 마음을 같이하여 솔로몬 행각에 모이고 13그 나머지는 감히 그들과 상종하는 사람이 없으나 백성이 칭송하더라 14믿고 주께로 나아오는 자가 더 많으니 남녀의 큰 무리더라

1) 아시아에 말씀 전하시는 것을 막은 분은 누구신가?

2) 성령의 위로로 무슨 일이 일어났는가?

○ Guide

초대교회의 부흥은 성령의 역사였습니다. 오늘날도 성령의 역사 없는 교회 부흥은 불가능합니다. 교회 부흥은 사람의 조직이나, 사람의 열심으로 이루어지는 것이 아닙니다. 조직을 잘하고 열심히 해도 성령의 역사가 없으면 진정한 부흥이라 할 수 없습니다. 성령께서 은혜를 주시고, 말씀을 주시고, 각양 은사를 주심으로 교회가 부흥합니다. 성령의 역사를 열망하고 성령 충만을 간구할 때 부흥의 역사가 일어납니다.

여섯 번째 만남을 마치면서

1) 이번 과정을 통해 느낀 것, 실천할 것을 나누어 봅시다.

2) 내가 교회에서 성령의 인도를 따라 해야 할 일을 이야기해봅시다.

○ Guide

성령께서 교회에 각양 은사를 주십니다. 성령께서 교회를 다스리십니다. 성령께서 교회성장을 도우십니다. 그러니 교회와 성도는 성령으로 충만해야 합니다.

일곱 번째 만남

가라 보내라 (성령의 선교)

선교에 있어서 오순절 사건이 지니는 의미는 매우 중요하다. 오순절은 교회의 선교를 탄생시킨 날이다. 성령의 능력에 의한 교회의 전 세계적 선교는 오순절에 시작되었다. 오순절 성령강림이 제자들의 선교적 사명을 가능케 하였다. 오순절 이전에는 선교 사명을 수행하려고 했던 제자들의 삶의 모습은 찾아볼 수 없다. 오순절로부터 교회는 주님의 위임 명령에 순종하게 되었다. 선교의 역사는 오순절에 예루살렘에서 시작되어 모든 민족에게로 나아가고 있으며 교회의 확장도 성령에 의해 모든 족속들 가운데서 이루어지고 있다.

> **금주 암송요절 / 사도행전 1장 8절**
> 오직 성령이 너희에게 임하시면 너희가 권능을 받고 예루살렘과 온 유대와 사마리아와 땅 끝까지 이르러 내 증인이 되리라 하시니라

반갑습니다.
나는 어떻게 선교에 동참하고 있는지 함께 이야기해봅시다.

1 선교는 예수 그리스도의 지상 명령입니다.

마태복음 28장 18-20절
18예수께서 나아와 말씀하여 이르시되 하늘과 땅의 모든 권세를 내게 주셨으니
19그러므로 너희는 가서 모든 민족을 제자로 삼아 아버지와 아들과 성령의 이름
으로 세례를 베풀고 20내가 너희에게 분부한 모든 것을 가르쳐 지키게 하라 볼지
어다 내가 세상 끝날까지 너희와 항상 함께 있으리라 하시니라

1) 우리는 예수의 복음을 전하기 위해 어디로 가야 합니까?

2) 우리는 가서 무엇을 해야 합니까?

2 성령이 너희에게 임하시면

사도행전 1장 8절
오직 성령이 너희에게 임하시면 너희가 권능을 받고 예루살렘과 온 유대와 사마리아와 땅 끝까지 이르러 내 증인이 되리라 하시니라

1) 성도는 언제 권능을 받습니까?

2) 성령을 받고 권능을 받으면 무엇을 해야 합니까?

○ Guide

교회는 선교공동체입니다. 오순절 성령강림은 교회가 '성령공동체', 세계선교를 위한 '증인공동체'로 출발한다는 것을 알린 사건입니다. 성령공동체로서의 교회는 처음부터 선교적 사명을 지닌 증인공동체로 출발했습니다. 사도행전에서는 교회와 선교 사이에 어떤 구별도 찾을 수가 없습니다. 성령은 교회가 끊임없이 선교하도록 감동을 주며, 교회는 끊임없이 성령의 감동으로 복음증거에 나섰습니다. 그래서 교회가 '선교에 큰 관심을 가진다.' 또는 '많은 역할을 한다.'라는 것으로는 선교적 교회라 할 수 없습니다. 사도행전에서는 선교가 교회 전체 사역이고, 선교는 곧 교회 자체라는 것을 증거합니다.

3 성령은 선교사의 주도자(The Initiator)이십니다.

사도행전 8장 26-30절

26주의 사자가 빌립에게 말하여 이르되 일어나서 남쪽으로 향하여 예루살렘에서 가사로 내려가는 길까지 가라 하니 그 길은 광야라 27일어나 가서 보니 에디오피아 사람 곧 에디오피아 여왕 간다게의 모든 국고를 맡은 관리인 내시가 예배하러 예루살렘에 왔다가 28돌아가는데 수레를 타고 선지자 이사야의 글을 읽더라 29성령이 빌립더러 이르시되 이 수레로 가까이 나아가라 하시거늘 30빌립이 달려가서 선지자 이사야의 글 읽는 것을 듣고 말하되 읽는 것을 깨닫느냐

1) 빌립에게 병거(수레)로 가라 하신 분은 누구신가?

사도행전 10장 17-20절

17베드로가 본 바 환상이 무슨 뜻인지 속으로 의아해 하더니 마침 고넬료가 보낸 사람들이 시몬의 집을 찾아 문 밖에 서서 18불러 묻되 베드로라 하는 시몬이 여기 유숙하느냐 하거늘 19베드로가 그 환상에 대하여 생각할 때에 성령께서 그에게 말씀하시되 두 사람이 너를 찾으니 20일어나 내려가 의심하지 말고 함께 가라 내가 그들을 보내었느니라 하시니

2) 베드로에게 말씀하신 분은 누구신가?

3) 성령은 베드로에게 무슨 말씀을 하셨는가?

사도행전 16장 6-10절

6성령이 아시아에서 말씀을 전하지 못하게 하시거늘 그들이 브루기아와 갈라디아 땅으로 다녀가 7무시아 앞에 이르러 비두니아로 가고자 애쓰되 예수의 영이 허락하지 아니하시는지라 8무시아를 지나 드로아로 내려갔는데 9밤에 환상이 바울에게 보이니 마게도냐 사람 하나가 서서 그에게 청하여 이르되 마게도냐로 건너와서 우리를 도우라 하거늘 10바울이 그 환상을 보았을 때 우리가 곧 마게도냐로 떠나기를 힘쓰니 이는 하나님이 저 사람들에게 복음을 전하라고 우리를 부르신 줄로 인정함이러라

4) 아시아에서 말씀을 전하지 못하게 하신 분은 누구신가?

5) 비두니아로 가는 길을 막은 분은 누구신가?

4 성령은 교회의 선교를 주도하신다.

사도행전 13장 1-4절

1안디옥 교회에 선지자들과 교사들이 있으니 곧 바나바와 니게르라 하는 시므온과 구레네 사람 루기오와 분봉 왕 헤롯의 젖동생 마나엔과 및 사울이라 2주를 섬겨 금식할 때에 성령이 이르시되 내가 불러 시키는 일을 위하여 바나바와 사울을 따로 세우라 하시니 3이에 금식하며 기도하고 두 사람에게 안수하여 보내니라 4두 사람이 성령의 보내심을 받아 실루기아에 내려가 거기서 배 타고 구브로에 가서

1) 주를 섬겨 금식하는 사람들에게 말씀하신 분은 누구신가?

2) 두 사람을 보내신 분은 누구신가?

○ Guide

오순절은 선교적 사건이었습니다. 우리는 선교하시는 성령님이 선교하는 백성을 만들어 내고 그들을 선교 과업을 위해 내보내는 모습에 매혹되어 바라봅니다. - 존 스토트, "현대를 사는 그리스도인"에서 -

5 성령은 선교의 동기부여자(The Motivator)이십니다.

사도행전 1장 8절
오직 성령이 너희에게 임하시면 너희가 권능을 받고 예루살렘과 온 유대와 사마리아와 땅 끝까지 이르러 내 증인이 되리라 하시니라

1) 나에게 성령이 오시는 목적은 무엇인가?

2) 나에게 성령이 임하면 무엇을 해야 하는가?

○ Guide

성령이 하시는 가장 중요한 일은 복음이 땅 끝까지 전파되어 사람들이 예수를 주님으로 받아들이도록 하는 것입니다. 예수 그리스도의 부활과 승천 후, 성령께서 오순절 날 예루살렘 마가의 다락방에 임하시면서, 세계 각 나라에서 온 디아스포라 유대인들에게, 하나님의 큰일을 듣게 하는 선교사역을 하셨습니다. 이와 같은 성령의 선교사역은 팔레스타인의 유대와 사마리아를 시작으로 에베소를 비롯한 소아시아와, 빌립보, 고린도, 로마 등의 유럽으로, 아프리카와 아메리카로, 한국으로, 중국과 아시아 땅끝까지 이르러 역사하고 계십니다.

6 성령의 핵심 사역은 선교다.

사도행전 1장 8절

오직 성령이 너희에게 임하시면 너희가 권능을 받고 예루살렘과 온 유대와 사마리아와 땅 끝까지 이르러 내 증인이 되리라 하시니라

1) 성령의 핵심 사역은 무엇인가?

❍ Guide

> 오순절 성령강림은 '교회가 세상을 구원하는 선교를 성취하기 위해 세상으로 들어오신 하나님의 개입'이며, '교회의 선교적 출발점'입니다. 성령으로 충만한 교회는 그리스도를 증거하는 교회가 될 수밖에 없습니다. 외부로부터의 명령과 강제에 의해서가 아니라 성령의 감동에 의한 것입니다. 만약 교회가 성령을 교회 안에 제한시키려고 한다면, 교회는 자기 안에 임재하신 성령사역을 거역하는 것입니다. 성령으로 탄생한 교회는 선교적 교회입니다.

7 사도행전은 성령행전이다.

사도행전 1장 1-2절

1데오빌로여 내가 먼저 쓴 글에는 무릇 예수께서 행하시며 가르치시기를 시작하심부터 2그가 택하신 사도들에게 성령으로 명하시고 승천하신 날까지의 일을 기록하였노라

1) 사도행전은 누구에게 성령으로 명하신 내용인가?

사도행전 2장 1-4절

1오순절 날이 이미 이르매 그들이 다같이 한 곳에 모였더니 2홀연히 하늘로부터 급하고 강한 바람 같은 소리가 있어 그들이 앉은 온 집에 가득하며 3마치 불의 혀처럼 갈라지는 것들이 그들에게 보여 각 사람 위에 하나씩 임하여 있더니 4그들이 다 성령의 충만함을 받고 성령이 말하게 하심을 따라 다른 언어들로 말하기를 시작하니라

2) 오순절에 성령께서 어떻게 임하셨는가?

사도행전 6장 1-4절

1그 때에 제자가 더 많아졌는데 헬라파 유대인들이 자기의 과부들이 매일의 구제에 빠지므로 히브리파 사람을 원망하니 2열두 사도가 모든 제자를 불러 이르되 우리가 하나님의 말씀을 제쳐 놓고 접대를 일삼는 것이 마땅하지 아니하니 3형제들아 너희 가운데서 성령과 지혜가 충만하여 칭찬 받는 사람 일곱을 택하라 우리가 이 일을 그들에게 맡기고 4우리는 오로지 기도하는 일과 말씀 사역에 힘쓰리라 하니

3) 교회의 첫 집사(일곱 집사)를 선출하는 기준은 무엇이었는가?

사도행전 8장 26-29절

26주의 사자가 빌립에게 말하여 이르되 일어나서 남쪽으로 향하여 예루살렘에서 가사로 내려가는 길까지 가라 하니 그 길은 광야라 27일어나 가서 보니 에디오피아 사람 곧 에디오피아 여왕 간다게의 모든 국고를 맡은 관리인 내시가 예배하러 예루살렘에 왔다가 28돌아가는데 수레를 타고 선지자 이사야의 글을 읽더라 29성령이 빌립더러 이르시되 이 수레로 가까이 나아가라 하시거늘

4) 빌립을 내시에게 인도하신 분은 누구신가?

사도행전 13장 1-4절

1안디옥 교회에 선지자들과 교사들이 있으니 곧 바나바와 니게르라 하는 시므온과 구레네 사람 루기오와 분봉 왕 헤롯의 젖동생 마나엔과 및 사울이라 2주를 섬겨 금식할 때에 성령이 이르시되 내가 불러 시키는 일을 위하여 바나바와 사울을 따로 세우라 하시니 3이에 금식하며 기도하고 두 사람에게 안수하여 보내니라 4두 사람이 성령의 보내심을 받아 실루기아에 내려가 거기서 배 타고 구브로에 가서

5) 바나바와 사울을 따로 세우신 분은 누구신가?

사도행전 16장 6-7절

6성령이 아시아에서 말씀을 전하지 못하게 하시거늘 그들이 브루기아와 갈라디아 땅으로 다녀가 7무시아 앞에 이르러 비두니아로 가고자 애쓰되 예수의 영이 허락하지 아니하시는지라

6) 말씀을 전하게도 하시고, 막으시기도 하시는 분은 누구신가?

사도행전 20장 28절

여러분은 자기를 위하여 또는 온 양 떼를 위하여 삼가라 성령이 그들 가운데 여러분을 감독자로 삼고 하나님이 자기 피로 사신 교회를 보살피게 하셨느니라

7) 교회에 직분자를 세우시는 분은 누구신가?

○ Guide

성령은 직접 교회의 선교사역을 불러일으키고 주관하셨습니다(행 13:2). 성령은 말씀하셨고(행 2:4, 6:10), 사도들의 앞길을 인도하셨습니다(행 16:6~10, 22:21). 제자들이 복음을 전하도록 하셨고, 때로는 그들의 길을 막으시고 새로운 선교의 문을 열기도 하셨습니다. 교회의 설립과 성장을 위해서 사도들에게 영감으로 메시지를 증거하게 하시고, 영감 된 말씀을 문서로 기록하여 성경이 되게 하셨습니다. 초대교회의 선교는 처음부터 끝까지 성령의 주관 아래 수행되었습니다. 선교의 열매는 성령의 역사입니다. 성령만이 복음의 진리를 확신시킬 수 있고(고전 12:3), 인간의 죄성을 깨닫게 하시며(행 24:25), 죄의 그릇된 길을 버리게 하십니다. 그러므로 사도행전은 '성령행전'입니다. 사람은 복음증거의 도구에 불과할 뿐이고, 성령께서 모든 일을 시작하시고 진행하시고 열매를 맺게 하십니다. 선교의 시기와 필요를 아시는 분은 성령이시고 그것들을 인도하시고 채우시는 분도 역시 성령이십니다.

일곱 번째 만남을 마치면서

1) 이번 과정을 통해 느낀 것, 실천할 것을 나누어 봅시다.

2) 선교를 위해 내가 할 수 있는 것은 무엇이 있을까요?

여덟 번째 만남

그 날이 오면 (한국 교회의 부흥을 기다리며)

그 날이 오면

취업의 그날이 오면 나는 그녀와 결혼식을 올릴 것입니다.

통일의 그날이 오면 온 세상의 한민족들이 다 함께 춤을 출 것입니다.

부흥의 그날이 오면 우리 모두가 회복되고 가정이 회복될 것입니다.

부흥의 그날이 오면 민족이 교회를 우러러 볼 것입니다.

부흥의 그날이 오면 나라가 다시 일어설 것입니다.

부흥의 그날이 오면 천하 만민에게 복음을 전할 것입니다.

> **금주 암송요절 / 이사야 25장 9절, 10장 27절, 27장 1절**
>
> 25:9그 날에 말하기를 이는 우리의 하나님이시라 우리가 그를 기다렸으니 그가 우리를 구원하시리로다 이는 여호와시라 우리가 그를 기다렸으니 우리는 그의 구원을 기뻐하며 즐거워하리라 할 것이며 10:27그 날에 그의 무거운 짐이 네 어깨에서 떠나고 그의 멍에가 네 목에서 벗어지되 기름진 까닭에 멍에가 부러지리라 27:1그 날에 여호와께서 그의 견고하고 크고 강한 칼로 날랜 뱀 리워야단 곧 꼬불꼬불한 뱀 리워야단을 벌하시며 바다에 있는 용을 죽이시리라

반갑습니다.
가장 기다렸거나, 손꼽아 기다리는 그 날이 있다면 함께 이야기해봅시다.

1 그 날이 오면

요엘 2장 10-11, 28-30절
10그 앞에서 땅이 진동하며 하늘이 떨며 해와 달이 캄캄하며 별들이 빛을 거두도
다 11여호와께서 그의 군대 앞에서 소리를 지르시고 그의 진영은 심히 크고 그의
명령을 행하는 자는 강하니 여호와의 날이 크고 심히 두렵도다 당할 자가 누구이
랴 28그 후에 내가 내 영을 만민에게 부어 주리니 너희 자녀들이 장래 일을 말할
것이며 너희 늙은이는 꿈을 꾸며 너희 젊은이는 이상을 볼 것이며 29그 때에 내
가 또 내 영을 남종과 여종에게 부어 줄 것이며 30내가 이적을 하늘과 땅에 베풀
리니 곧 피와 불과 연기 기둥이라

1) 그 날은 누구의 날입니까?(11절)

2) 그 날의 심판의 징조는 무엇입니까?(10,11,30절)

3) 그 날에 일어나는 회복의 징조는 무엇입니까?(28-29절)

○ Guide

성경 곳곳에 나타나는 그 날은 하나님이 친히 다스리시는 날이며, 메시아의
오심을 통해서 실현되는 날이고, 성령께서 임하시는 날입니다. 따라서 그
날은 어느 한 날을 지칭하기보다는 오순절에 임하신 성령께서 역사하시는
날들입니다. 개인적으로는 예수 믿고 성령 받은 날이며, 성령충만으로 사명
을 감당하는 순간순간들이고, 역사적으로는 예수 그리스도께서 다시 오실
마지막 날이기도 합니다. 최후의 그날에 예수 그리스도의 재림으로 이 세상
이 심판받고 새 하늘과 새 땅이 이루어질 것입니다.

2 그 날에

사도행전 2장 1-4,11,14절

1오순절 날이 이미 이르매 그들이 다같이 한 곳에 모였더니 2홀연히 하늘로부터 급하고 강한 바람 같은 소리가 있어 그들이 앉은 온 집에 가득하며 3마치 불의 혀처럼 갈라지는 것들이 그들에게 보여 각 사람 위에 하나씩 임하여 있더니 4그들이 다 성령의 충만함을 받고 성령이 말하게 하심을 따라 다른 언어들로 말하기를 시작하니라 11그레데인과 아라비아인들이라 우리가 다 우리의 각 언어로 하나님의 큰 일을 말함을 듣는도다 하고 14베드로가 열한 사도와 함께 서서 소리를 높여 이르되 유대인들과 예루살렘에 사는 모든 사람들아 이 일을 너희로 알게 할 것이니 내 말에 귀를 기울이라

1) 그 날은 언제 성취되었습니까?(1절)

2) 그 날이 시작되었음을 알리는 징조는 무엇입니까?(2-11절)

사도행전 2장 17-21절

17하나님이 말씀하시기를 말세에 내가 내 영을 모든 육체에 부어 주리니 너희의 자녀들은 예언할 것이요 너희의 젊은이들은 환상을 보고 너희의 늙은이들은 꿈을 꾸리라 18그 때에 내가 내 영을 내 남종과 여종들에게 부어 주리니 그들이 예언할 것이요 19또 내가 위로 하늘에서는 기사를 아래로 땅에서는 징조를 베풀리니 곧 피와 불과 연기로다 20주의 크고 영화로운 날이 이르기 전에 해가 변하여 어두워지고 달이 변하여 피가 되리라 21누구든지 주의 이름을 부르는 자는 구원을 받으리라 하였느니라

3) 말세는 무엇입니까?(17절)

4) 그 날(말세)에 성도들에게는 어떤 일이 일어납니까?(17-18절)

3 나에게 다가온 그 날

1) 성도의 그날은 예수 믿고 성령을 받는 날입니다.

사도행전 2장 38절
베드로가 이르되 너희가 회개하여 각각 예수 그리스도의 이름으로 세례를 받고
죄 사함을 받으라 그리하면 성령의 선물을 받으리니

2) 성도의 그날은 성령받고 비전이 회복되는 날입니다.

사도행전 1장 8절
오직 성령이 너희에게 임하시면 너희가 권능을 받고 예루살렘과 온 유대와 사마
리아와 땅 끝까지 이르러 내 증인이 되리라 하시니라

3) 성도의 그날은 성령충만한 날입니다.

에베소서 5장 18절
술 취하지 말라 이는 방탕한 것이니 오직 성령으로 충만함을 받으라

4 한국 교회의 그 날과 오늘

○ Guide

> 1866년 토마스 선교사의 대동강 순교, 1885년 이수정의 마가복음 번역, 1885년 아펜젤러와 언더우드 선교사가 내한한 이후, 한국에는 세계 선교역사상 가장 많은 선교사들이 집중적으로 입국했습니다. 6·25전쟁 이후에는 참전국들의 수많은 선교사들이 한국으로 왔습니다. 선교사들은 학교, 병원, 고아원을 비롯한 사회적 인프라를 구축했습니다. 1907년 하디 선교사를 시작으로 전국적인 회개 운동으로 성령 폭발이 일어나면서 대한민국 방방곡곡에 교회가 세워졌습니다. 한국교회는 기독교 역사상 가장 짧은 기간에 대부흥을 경험하면서 나라도 눈부시게 발전했습니다.

나라의 발전상에 대해 나누어 봅시다.

○ Guide

> **21세기 한국 교회의 오늘**
> 100여 년 동안 지속적으로 발전하던 한국 교회는 20세기 후반부터 성장이 멈추었습니다. 농어촌 교회가 사라지고, 개척교회가 문을 닫고, 중소형 교회도 교인 수가 줄어들고, 대형교회만 현상유지하고 있습니다. 교회에 어린이들과 청소년들이 사라지고 있습니다. 새벽기도와 철야기도, 산기도도 사라지고 있습니다. 교회의 세속화와 성령의 불이 꺼지고, 교회가 변화하는 세상을 따라가지 못하면서, 사회의 존경을 받던 교회와 교회 지도자들이 사회로부터 외면을 받고 있습니다. 10년 후에는 6만 교회가 절반으로 감소하고, 성도 수가 4백만 이하가 될 것이라고 예상하고 있습니다. 교회가 사회적 리더십을 상실하면 한 때 부흥했다가 쇠락한 유럽교회의 전철을 밟지 않을까 염려됩니다.

5 한국 교회의 침체 원인이 무엇입니까?

요한계시록 3장 14-17절
14라오디게아 교회의 사자에게 편지하라 아멘이시요 충성되고 참된 증인이시요 하나님의 창조의 근본이신 이가 이르시되 15내가 네 행위를 아노니 네가 차지도 아니하고 뜨겁지도 아니하도다 네가 차든지 뜨겁든지 하기를 원하노라 16네가 이같이 미지근하여 뜨겁지도 아니하고 차지도 아니하니 내 입에서 너를 토하여 버리리라 17네가 말하기를 나는 부자라 부요하여 부족한 것이 없다 하나 네 곤고한 것과 가련한 것과 가난한 것과 눈 먼 것과 벌거벗은 것을 알지 못하는도다

1) 라오디게아교회의 상태는 어떠합니까?(15-17절)

2) 현재 내 신앙의 상태는 어떠합니까? 그렇게 된 원인이 무엇일까요?

데살로니가전서 5장 19-20절
19성령을 소멸하지 말며 20예언을 멸시하지 말고

3) 성령을 따르고 있습니까?

4) 예언을 따르고 있습니까?

히브리서 10장 25절
모이기를 폐하는 어떤 사람들의 습관과 같이 하지 말고 오직 권하여 그 날이 가까움을 볼수록 더욱 그리하자

5) 초대교회 성도들은 날마다 성전에 모이기를 힘썼습니다. 지금 나와 교회는 어떠합니까?

6) 왜 모이기를 폐하고 있습니까?

요한계시록 2장 5절
그러므로 어디서 떨어졌는지를 생각하고 회개하여 처음 행위를 가지라 만일 그리하지 아니하고 회개하지 아니하면 내가 네게 가서 네 촛대를 그 자리에서 옮기리라

7) 부흥했던 많은 교회들의 촛대가 옮겨졌습니다. 우리교회의 앞날은 어떨까요?

8) 이제 어떻게 해야 할까요?

출애굽기 32장 11-14절
11모세가 그의 하나님 여호와께 구하여 이르되 여호와여 어찌하여 그 큰 권능과 강한 손으로 애굽 땅에서 인도하여 내신 주의 백성에게 진노하시나이까 12어찌하여 애굽 사람들이 이르기를 여호와가 자기의 백성을 산에서 죽이고 지면에서 진멸하려는 악한 의도로 인도해 내었다고 말하게 하시려 하나이까 주의 맹렬한 노

를 그치시고 뜻을 돌이키사 주의 백성에게 이 화를 내리지 마옵소서 13주의 종 아브라함과 이삭과 이스라엘을 기억하소서 주께서 그들을 위하여 주를 가리켜 맹 세하여 이르시기를 내가 너희의 자손을 하늘의 별처럼 많게 하고 내가 허락한 이 온 땅을 너희의 자손에게 주어 영원한 기업이 되게 하리라 하셨나이다 14여호와 께서 뜻을 돌이키사 말씀하신 화를 그 백성에게 내리지 아니하시니라

9) 이스라엘의 멸망의 순간에 모세는 어떤 기도를 했습니까?

10) 모세의 기도를 들으신 하나님께서는 어떤 은혜를 주셨습니까?

로마서 9장 1-5절

1-2내가 그리스도 안에서 참말을 하고 거짓말을 아니하노라 나에게 큰 근심이 있 는 것과 마음에 그치지 않는 고통이 있는 것을 내 양심이 성령 안에서 나와 더불 어 증언하노니 3나의 형제 곧 골육의 친척을 위하여 내 자신이 저주를 받아 그리 스도에게서 끊어질지라도 원하는 바로라 4그들은 이스라엘 사람이라 그들에게는 양자 됨과 영광과 언약들과 율법을 세우신 것과 예배와 약속들이 있고 5조상들도 그들의 것이요 육신으로 하면 그리스도가 그들에게서 나셨으니 그는 만물 위에 계셔서 세세에 찬양을 받으실 하나님이시니라 아멘

11) 이스라엘의 멸망을 눈앞에 둔 바울은 어떤 심정으로 기도했습니까?

12) 나와 교회는 무엇을 해야 합니까?

6 다시 올 그 날을 기다리며(기름부음을 사모하며)

한국 교회에 성령의 기름부음이 임해야 합니다. 한국 교회가 다시 부흥해야 합니다. 성도들이 회복해야 합니다. 새로운 그날이 와야 합니다. 주님을 사모해야 합니다.

1) 갈급한 심령으로 주님을 찾아야 합니다.

시편 42편 1절
하나님이여 사슴이 시냇물을 찾기에 갈급함 같이 내 영혼이 주를 찾기에 갈급하니이다

2) 주님을 사모해야 합니다.

시편 73편 25절
하늘에서는 주 외에 누가 내게 있으리요 땅에서는 주 밖에 내가 사모할 이 없나이다

3) 교회를 사모해야 합니다.

시편 84편 1-2절
1만군의 여호와여 주의 장막이 어찌 그리 사랑스러운지요 2내 영혼이 여호와의 궁정을 사모하여 쇠약함이여 내 마음과 육체가 살아 계시는 하나님께 부르짖나이다

4) 회개해야 합니다.

에스겔 18장 30절
주 여호와의 말씀이니라 이스라엘 족속아 내가 너희 각 사람이 행한 대로 심판할지라 너희는 돌이켜 회개하고 모든 죄에서 떠날지어다 그리한즉 그것이 너희에게 죄악의 걸림돌이 되지 아니하리라

5) 주님을 환영해야 합니다.

요한계시록 22장 20절

이것들을 증언하신 이가 이르시되 내가 진실로 속히 오리라 하시거늘 아멘 주 예
수여 오시옵소서

6) 여호와를 신뢰해야 합니다.

역대하 20장 20절

이에 백성들이 아침에 일찍이 일어나서 드고아 들로 나가니라 나갈 때에 여호사
밧이 서서 이르되 유다와 예루살렘 주민들아 내 말을 들을지어다 너희는 너희 하
나님 여호와를 신뢰하라 그리하면 견고히 서리라 그의 선지자들을 신뢰하라 그리
하면 형통하리라 하고

❍ Guide

> 1907년 평양 대부흥운동은 2000년 기독교 역사 가운데 위대한 부흥운동으
> 로 평가되고 있습니다. 평양 대부흥운동은 1903년 원산의 여자 선교사들의
> 성경공부 모임의 강사였던 하디 선교사에 의해 시작되었습니다. 하디가 성
> 경공부를 인도하면서, 하나님이 원하는 것은 한국인들의 각성이 아니라 자
> 신의 각성이라는 것을 깨닫고, 한국인 신자들 앞에서 자신의 잘못을 자백하
> 자, 신자들도 자신의 잘못을 자백하면서 원산 대부흥운동이 시작되었습니
> 다. 하디는 1903년부터 1904년까지 평양, 서울, 송도, 제물포에서 집회를 인
> 도했고, 특별히 평양에서는 장대현 장로교회와 남산현 감리교회가 주축이
> 되어 부흥회를 주도했습니다. 부흥운동은 1905년에 만들어진 한국 최초의
> 기독교 연합기관인 한국복음주의선교회연합공의회를 통해 전국적으로 확
> 대되었습니다. 1907년 1월 2일부터 1월 15일까지 장대현교회에서 열린 부
> 흥회를 통해 회개 운동, 도덕적 갱신, 성령 폭발로 한국 교회의 대부흥이 이
> 루어졌던 것입니다.

7 이제 성령을 대망(待望)합니다.

사도행전 1장 4절
사도와 함께 모이사 그들에게 분부하여 이르시되 예루살렘을 떠나지 말고 내게서 들은 바 아버지께서 약속하신 것을 기다리라

이제 무엇을 어떻게 해야 할까요? 성령을 대망해야 합니다. 기다릴 '待', 바랄 '望'입니다. 부활하신 주님께서 승천하시면서 남기신 말씀이 무엇입니까? 성령을 기다리라는 것이었습니다. 기약 없이 마냥 기다리라는 것이 아닙니다. 주님께서는 '약속한 것', 성령을 기다리라고 하셨습니다. 주님은 약속을 지키시는 신실한 분이십니다. 주님의 약속을 믿고 기다리는 것은 힘든 일이 아니라 기대와 설레임입니다. 제자들은 주님 말씀을 믿고 기도하며 성령의 오심을 기다렸습니다. 마침내 주님께서 약속하신 성령이 제자들에게 임하였습니다. 그래서 사도행전의 역사가 시작되었습니다. 사도행전은 성령행전입니다. 사도행전은 나의 행전입니다.

이제 이 과정을 마치는 여러분과 교회가 성령을 대망해야 하겠습니다.

성령에 이끌려 나아가면서 나와 함께 일하시는 성령님을 경험하는 삶을 시작합시다. 우리 모두 교회와 민족을 위해 눈물로 회개하며 뜨겁게 기도하고, 예배의 감격을 새롭게 경험합시다. 전도의 열정을 회복하며, 그리스도의 사랑으로 서로를 보듬어가는 성령의 기름부음을 기대합시다. 그래서 교회의 부흥과 지역사회의 변화, 세계선교의 비전을 가슴에 품고 성령대망을 시작합시다.

○ **Guide**

1905년 9월에 만들어진 한국 최초의 기독교 연합기관인 한국복음주의선교회연합공의회를 통해 평양대부흥운동이 전국적으로 확대되면서 한국 교회의 부흥인 회개 운동과 도덕적 갱신이 이루어졌습니다. 이제 한국 교회는 한국복음주의영성의 개인 구원과 사회 구원이라는 두 기둥 위에 진보와 보수, 인본주의와 자유민주주의를 넘어 한국 교회의 영적, 도덕적 갱신이 이루어지면서 새로운 부흥의 역사가 시작될 것입니다.

여덟 번째 만남을 마치면서

1) 그 날을 기다리며 내가 해야 할 일이 무엇인지 이야기해봅시다.

2) 이번 과정을 통해 느낀 것, 실천할 것을 나누어 봅시다.

3) 전도하고 싶은 분들을 팀원들과 함께 만나 다음 주일 예배에 초청합시다.

양육시리즈3 (성령론)

바람같이 불꽃처럼

초판 1쇄 발행 2022년 12월 30일

지은이 이 규 학
펴낸이 이 규 학

펴낸곳 둘셋손잡고
등록 2019년 5월 24일 제 353-2019-000010호

주소 인천광역시 남동구 문화서로 65번길 10-5 1층 (구월동)
이메일 seunglee1218@nate.com
☎ 032) 421-1311

정가 7,000원

ISBN 979-11-91513-05-9-13230